医学部・難関理系大学入試

小論文実践演習

〜要約問題対策・論証テクニック編〜

原田広幸　著

はじめに

　大学入試科目における小論文が重視されるようになってきた。その傾向は、AO入試、推薦入試の定員が増えるにつれて、さらに高まってきている。これは、すでに多くの大学で小論文試験が実施されている文系学部や医学部・歯学部だけでなく、一般の理工系大学においても同様である。

　小論文試験の実態は多様だ。出題形式だけでも、要約問題、課題文読解型、英文の科学論文を読ませる問題、図表や絵画などの資料読解型までさまざまあるし、国語や科目横断的な総合問題を「小論文」として出題する大学もある。また、単なる志望動機を書かせる問題を小論文試験と称している場合もある。

　このような、つかみどころのない小論文試験のための「対策」など意味があるのだろうか？　むしろ、出題者は、受験生の対策が無意味になるように小論文を課しているのではないか？　このように考える人も少なくないだろう。勉強しても意味がないと考え、最初から小論文の勉強を放棄している受験生もいるかもしれない。

　たしかに、多くの受験生にとっては、英・数・理などの学科試験の勉強だけで精いっぱい、小論文の対策などやっている暇などない、というのが実情だろう。しかし、医学部入試をはじめ難関大学においては、多くの優秀な受験生が、合否ライン（合格・不合格を決める点数）上でしのぎを削っているのである。そこでは、当然、**小論文の出来が合否に決定的な役割を演じる**ことがある。

　また、小論文は、準備・対策をしっかり行った受験生と、まったく行っていない受験生の間に大きな差が出てきてしまう科目だ。したがって、十分な余裕を持って準備を行っておくことはきわめて重要で、かつ、準備をした受験生にとっては、大きなアドバンテージを得るチャンスにもなる。

　小論文は、1か月でも勉強すれば、十分その効果を実感できる科目である。**勉強せずに試験に臨むのは、実にもったいない。**

　本書は、医学部をはじめとする難関理系大学の受験生を主な対象者としている。しかし、目次を見ていただければわかるとおり、本書が扱っているのは、「要約問題」の対策と、文理共通の「科学」にまつわるテーマ、そして論証のテクニックであり、これらの勉強を通じて、慶応大や一橋大といった文系の難関大学の小論文対策もできるようになっている。

　さらに、本書は、AO・推薦入試、国立大学医学部の後期入試、学士編入試験などで出題される本格的な小論文や、英文読解型小論文にも対応している。つまり、大学入試の小論文試験に汎用的に通用する学力を身につけることができるようにテーマと解説を厳選しているので、どの大学の受験生も安心して本書に取り組むことができるだろう。

　本書を超えて、医学部入試に頻出する「生命倫理」や「医療問題」についての知識を得たいと思っている人は、本書の姉妹編である『医学部入試 小論文実践演習～生命・医療倫理入門編』にもチャレンジしてほしい。こちらは医学部・歯学部等に出題されるもののうち、医療分野の問題に特化したテーマを扱っている。

　受験生の皆さんが、本書を利用して合格を勝ち取ったらぜひ著者にご一報いただきたい。教えることを生業とする者にとって、これに勝る喜びはない。

原田 広幸

❦ 本書の使い方 ❦

☆【初級・中級レベルの人】あるいは【時間のない人】

　本書は、少しは小論文の勉強をしたことがある受験生（一般向けの小論文の概説書などを読んだことがあるレベル）を対象者として想定しているが、これから小論文の勉強を始めたいという人でも使えるように、解答例と詳しい解説を載せてある。

　このような入門レベルに相当する受験生は、まず「真似」から入ることをお勧めする。解答例を丸写しした後に、解説を読み、それを繰り返してみよう。

　ただし、丸暗記する必要はない。あくまでも、書いて写した解答案の論理展開を「再現できる」（自分で書き直すことができる・人に説明することができる）状態を目標に、筆写を行うのである。

　小論文の勉強も、英会話など語学の勉強や古文・漢文の勉強と同様、口真似・書き真似を徹底して行うのが上達へのファースト・ステップだ。

☆【上級レベルの人】あるいは【まだ時間のある人】

　ある程度書くことに慣れてきた人、トップレベル（文系大学、国立後期・編入試験含む）をめざしている人やじっくり取り組む時間のある人は、ぜひ自分で論文を書いてみて、解答案と見比べてみてほしい。また、解答例に反論を試みるのも、ハイレベルの論文を書くための良いトレーニングとなる。

　⑴問題を読む・考える、→⑵書いてみる、→⑶解答例と読みく

らべる、→(4)手直しする、というサイクルを繰り返し、自分で書いた原稿のストックを最低でも、20本ほど作ることを目標にしよう。

　ここまでやれば、どんなタイプの問題が出されても、そのほとんどの問題に答えることができるようになっているだろう。20本ほどの執筆・考察経験があれば、どのような大学を受けたとしても、少なくとも「関連するテーマを一度は考えたことがある」、もしくは「頑張れば何とか書ける」という状態になっているはずだ。

　また、巻末に掲載した「お薦めの書籍・参考図書」の中から気になるものを入手し、（全部ではなくても）読んでみることもお勧めする。

☆【医学・医療のテーマをしっかり学習したい人】

　姉妹編の『医学部入試 小論文実践演習〜生命・医療倫理入門編』にも取り組んでみよう。こちらの本は、生命倫理と医療問題にテーマを集中的に扱っている。本書と併せて2冊を勉強すれば、どんなテーマが出題されたとしても、完璧に対応できるだろう。

目 次

序章：小論文とは何か　9

第1章：要約問題への対応　21

第2章：要約から意見構築へ　49

第3章：説明と論証　83

第4章：科学論と環境倫理　109

第5章：クリティカルシンキング入門　153

第6章：心理学　167

序章：小論文とは何か

1 小論文が単なる作文と異なる点

　最初に、そもそも小論文とは何かについて確認しておこう。

　まず、「小論文」とは、字数の少ない「論文」のことである。論文は作文の一種であるが、論文と「たんなる作文」は異なる。
　では、答案として書かれた文章が、**「たんなる作文」ではなく、「論文」であるための条件**とは何だろうか。

　辞書によれば、論文は「論じ極める文章」である。作文が論文になるためには、「客観性」や「論理性」が重要だ、とも言われる。これらの定義や説明からも、論文に必要なのは、筋道が通っており（論理的であり）、自分の印象や主観だけで語っていない（客観的である）ことだということがわかる。
　しかし、これは、新聞記事や操作マニュアルなど、何かを伝えようとするあらゆる種類の文章について言えることだ。論文は、記事やマニュアル以上のものである。

　作文が論文であるためには、以下の**3つの要素を備えている**ことが条件になる。
　1つ目の要素は、明確な**「問い」**があることだ。あるテーマが与えられたら（通常は「問題文」や「課題文」によって与えられる）、そのテーマに関する問題意識をもとに、「問い」が立てられなければならない。「問い」のない文章は、日記や雑文の類であって、論文ではない。

2つ目の要素は、その「問い」に対する自分の「**答え**」となる意見・主張である。「答え」は、巷でよくいわれるような「Yes, No でハッキリと言い切る」ものとは限らない。「答え」がどのようなものになるかは、「問い」の立て方次第である。のちに説明するように、入試でも、Yes, No で単純に割り切れる「答え」が求められているわけではない。

3つ目の要素は、「答え」を導く「**説明**」である。自分が提示した答えが、どうしてそのように言えるのか（理由・根拠の提示）、その答えは本当に実在するのか（実例の提示）、こういった説明がなければ、論文とは言えない。

厳密な「**説明**」のあり方を、「**論証**」（argument）という。論証とは、具体例や権威ある意見や情報などによって、自分の意見（答え）をサポートすることであり、そのやり方には、さまざまな方法がある。論証に用いる根拠や事実のことを「**前提**」というが、前提は、それ自体がすでに正しいとされ、自分の答えに関わっているものでなければならない。

論文のキモは、この「**説明**」の厳密性・正確性である。そして「**説明**」は、「**論証**」になっているべきだ。

自分が信じる意見がどれほど正しいと思われても、それを他者に伝えるときには、なぜそのように言えるのかをきちんとした手順と内容で示すことができなければならない。さもなければ、それは信仰告白とかわらないものか、ただのプロパガンダ（政治的宣伝）にすぎないものとなる。「論証」がなければ、論文ではないのだ。

> 【作文が論文になるために必要な要素】
> (1) 問題意識　≪問い≫
> (2) 自分の意見・主張　≪答え≫
> (3) 答が正しいことの厳密な説明　≪説明・論証≫

　それから、もう１つ、重要なポイントがある。それは、**自分の立場に反対する・対立する立場を意識して書く**、ということである。

　論文には、「問い」が必要であると述べたが、「問い」が発生するためには、テーマ・問題をめぐる立場・意見の争いがなければならない。哲学では、いままで誰も問題にすらしなかった問いを発見し、その問いをほとんど「一人」で引き受け、孤独に格闘している哲学者がいるが、そんな場合ですら、「そんなことは問題ではない」という自分の中の別の考えとの争いがある。自己が、自己の中の他者と論争をしているのだ。

　論争がない「テーマ」には、そもそも意見を述べる動機がない。「地球は動いているのだろうか」というテーマには、論争や立場の違いが（少なくとも自然科学的には）存在しないから、あえて「問い」にする動機が起こらない。

　これと同様に、**すべての人が同意する意見、反対の立場がありえない意見を、自分の最終的な意見とするのは、論文として失格**だ。そのような意見は、自分の意見をサポートする「根拠」「前提」として用いるべきである。

　哲学者・野矢茂樹氏も「論証の前提としてであれば、誰もが認めるであろうことを確認しておく作業も必要なことである。しかし、誰もが認めることをとくに論証もなく結論として恥じないのは、ま

さに鈍感さ以外の何ものでもない。」（『新版・論理トレーニング』産業図書）と述べている。

「命を粗末にしてはいけない」、「環境の保護は重要である」、「人にはお金より大切なものがある」等々、それ自体としては反論の余地のない意見を、論証もなしに自分の結論（最終的な意見・答え）として述べてしまうのは、何が問題なのかを掴めていない証拠である。これは、自分の洞察力のなさを、採点者（大学の先生）に媚びることでごまかそうとする態度に起因するものだ。

小論文試験は、問いの設定から意見（答え）の論証まで、試験時間ギリギリまで考えた成果を記す試験であり、教師や教授が好みそうな「キーワード」やお仕着せの「合格フレーズ」で勝負する試験ではない。

2 小論文試験とはどんな試験なのか

小論文試験とはどんな「試験」であり、何を試している「試験」なのだろうか。上位の成績を修めるためには、そのあたりから正確に把握しておく必要がある。

(1) 小論文試験は、「問題」に答える「試験」である

当たり前すぎて、かえって気づきにくいことであるが、小論文試験はあくまで、試験として行われるものである。つまり、試験には問題があり、その問題に答えなければならない。したがって、「Xについてどう考えるか」という「問題」であれば、「Xについてはこう考える」と答えなければならないし、「Yとは何か」と聞かれ

たら「YとはZである」と答えなければならない。「問題」で問われていることに答える。これが、試験である。

　小論文試験とは、ある「問題」について論文形式で「答える」試験であり、この点（問題に答えるという点）において、あらゆる他の学科試験や面接試験と変わるところがない。そこをきちんと踏まえておかないと、「問題」で問われていることから外れて、自分の勝手な意見を述べてしまったり、設問の指定を無視した解答を作ってしまったりすることになる。**設問の要求は、「絶対」である。**

　小論文試験には、1行程度のテーマが与えられていて、それについて述べさせる問題のほか、課題文を読ませ、それを踏まえて論文を書かせるタイプの問題も多い。課題文の代わりに、資料やグラフが与えられる問題もある。いずれの場合も、求められていることは、テーマや課題文、資料に示されている趣旨を踏まえた論文である。ゆめゆめ、目につくキーワードだけに反応して文章を書き始めることのないようにしよう。

　なお、小論文試験の「**問題**」と、前節で述べた「**問い**」は区別しておく必要がある。論文とは「問い」に対する自分の「答え」を「論証」を経て述べる文章であるが、試験の「問題」やテーマが与えられたとき、そういった「問題」から**「問い」を抽出しなければならない場合がある。**

　「自然について述べよ」という「問題」が出されたとする。この問題は、「自然」というテーマが与えられているだけであり、そのテーマについて述べることだけが指定されている。「問い」に理由付きで（説明して／論証して）答えるのが論文であるから、このテーマ

を「問い」の形に変形しなければ答えは出せない。

　たとえば、「自然を守るにはどうすればよいか」、「人間にとっての自然とは何か」「自然は道徳的な配慮の対象になるか」などの問いをつくる。こうすることで初めて具体的な答えを述べることができるようになる。

⑵　小論文試験の問題には、「Yes, No で答える」とは限らない

　小論文には、「問題」があり、その問題からさまざまな「問い」が出てくる。それらの問いに答えるのが論文になるのだから、答え（意見）が必ずしも Yes か No の形になるわけではない。答え方がどうなるかは、試験の「問題」の問い方、あるいは「問い」の設定の仕方によるのである。

　問いには大きく分けて、「**クローズド・エンド・クエスチョン**」（Yes, No で答えられる問い）と、「**オープン・エンド・クエスチョン**」（何、いかに、なぜ、などの問い）がある。「動物実験を行った化粧品の販売は禁止すべきか」という問いは前者、「患者中心の医療とは何か」「どうすれば実現できるか」のような問いは後者の例である。

　自分で「問い」をつくらなければならないときには、無理にYes, No で答えられる問いにする必要はない。テーマに即した不自然でない「問い」を設定することが重要であり、答え方は、答える人の自由に任されている。

　ひょっとすると、「Yes, No」派の論文指導者は、単に「立場をハッキリさせよ」という意味で Yes, No で答えよ、と言っているのかもしれない（と譲歩してみる）。しかし、それでも、この提案は間違っている。論文試験で問われる問題の多くは、答えや立場がハッキリ

と割り切れる簡単なテーマとは限らないのである。

　ハッキリとしなければならないのは、問題に対するYes、Noではなく、**自分の主張がどこにあるか**、である。もちろん、婉曲表現を避けるという意味で、「ハッキリ」書くことは重要である。

　さらに言えば、論文試験の評価対象は、結論や意見そのものではなく、その結論に至るプロセス、つまり、論証の妥当性や例示の適切さ（＝思考の確かさ）のほうである。

　難しいテーマというのは、ふつう、同程度に妥当性のある複数の対立意見がある。「情報化」について、「グローバル化」について、「環境問題」について、単純にYesかNoで（賛成か反対で）答えられるか、少し考えればわかるだろう。どんな試験であっても、そんな無茶な意見を求められはしない。

⑶ 小論文の良し悪しは、やはり書くことの中身で決まる

　「どんなことを言うかの前に、カタチや構成がある」というアドバイスがある。「型にはめれば、論文は書ける」、とその人は続けるだろう。しかし、何を言いたいか、何を書きたいかによって、論理の形式は異なるものである。つまり、中身がカタチを決めるのだ。

　やはり、論文で最終的に重要になるのは、「何を書くか」のほうなのである。

　本書に挙げた問題とその解答例を見ていただければわかると思うが、問題や問いの設定の仕方によっても、また、字数制限によってもカタチは異なってくる。論文に必要な要素（「問い」、「答え」、「論証」）がある限り、どのような叙述の形式をとってもかまわない。

　もちろん、「カタチが重要」というアドバイスにも、耳を傾けるべきことはある。読みやすく、先が予測しやすい、叙述の順序が整っ

た文章は、試験官・採点官のストレスを軽減してくれる、という効果がある。試験官・採点官は、一人あたり何十枚、何百枚という論文に目を通さなければならない。とある公立大学の先生によると、乱筆であるという理由だけで読まれない答案すらあるらしいから、「読みやすさ」には徹底してこだわったほうが良いし、カタチを意識することで「読みやすさ」は格段にアップする。

しかし、だからと言って、カタチに中身を埋めていけばよい、ということには決してならない。

⑷「自分自身の体験をもとにして書こう」に注意

自分自身の実体験や直接体験を具体例にして、自分の意見の説得性をアップしよう、というアドバイスもよく見かける。しかし、このアドバイスの有効性は、**自分の実体験にどこまでの普遍性があるか**で決まる。

論文には意見の説明・論証が必要だと述べたが、論証の方法は、さまざまであり、その説得性も論証の仕方により異なる。

具体例を一般化して意見を根拠づける方法を「**例証**」という。**例証には、ふつう複数の事例が必要**であり、またその事例は、**他のさまざまな事例を代表するようなもの**であることが望ましい。自分が経験した出来事が例証にふさわしい事例になっているかどうかは、自分の意見を導き出すための前提として的確であるかを十分に検討した上で、一般化したときの例外はないかを考えてみる必要がある。

なんでもかんでも自分の経験を述べればよいということはないのである。

⑸「独自の意見と個性」（インパクト）が重要なのではない

　大学入試で求められている小論文の解答レベルは、どんなものなのだろうか。

　よく、独自性や個性があるかという点が議論になる。しかし、大学入試の小論文に、独自性やインパクトなどは期待されていない。どんな優秀な解答が書けたと思っても、それはいままでの学者や偉人といわれる人によって、既に考えられていることがほとんどである。世界は広いのだ。

　本当の意味での独自性や個性が要求されるのは、大学院の修士論文より上のレベルからであり、入試の小論文試験で求められているのは、誰とも異なる独自性などではないし、そんなものは現実的に書けるはずもない。

　そうではなく、入試の論文においては、**与えられたテーマから適切な問いを取り出し、自分の問題意識としっかりした根拠に従って、正しい語彙と正しい論理で記述する能力**こそが、試されているのである。

　したがって、独自性や奇想天外な解答を求めるよりも、典型問題に対するオーソドックスな知識とアプローチを地道に勉強するほうが、試験で問われている能力の養成への近道となる。

　試験では、どんな問題や課題文、テーマなどが出題されるかわからない。その無限の出題可能性の中で、自分の勉強した知識とアプローチを組み合わせて、自分の意見を構築していく。これ自体、立派な個性の発揮であり、独自の能力の発揮であると言える。

　要は、極端さやユニークさ、インパクトなどを振りかざして論文

を書いても、印象も悪くなり、失敗するだけだから、そういう奇を
てらったことはやめたほうがいいということである。

第1章：要約問題への対応

小論文の問題には、かならず「テーマ」が与えられる。そのテーマは、「自己決定権について述べなさい」、「エネルギー政策についてあなたの考えを述べよ」というような社会的テーマから、「あなたの将来構想を述べよ」といった個人的なテーマまで無数にある。

　しかし、このように、「○○についてあなたの考えを述べよ」というような「一行題」で出題する例は、じつは少数派だ。ほとんどの大学の小論文問題では、まず「課題文」が与えられ、その文に対する自分の意見を書くことが求められる。

　そこで、受験生が最初にやらなければならない仕事は、課題文を読解する作業だ。つまり、与えられた課題文の中心的な「テーマ」あるいは「要点」を把握するという作業である。小論文はテーマを踏まえた上で答案を書かなければならないから、基本的な読解力は必須の能力となる。

　なぜ大学（出題者）は、問題に課題文を出題するのだろうか。入試問題作成の手間を考えれば、「○○について自分の意見を書け」という問いを出すだけで済むはずなのに。

　課題文によって基本的な情報を与えることで、受験生の間の「知識面」の偏りが出ないように（つまり、知っている人／知らない人の間で記述内容に大きな差が出ないように）、との配慮から、課題文が出されている可能性もある。

　しかし、課題文出題の理由はそれだけではない。とくに、入試科目に「国語」がない私立大学の一般入試やAO・推薦、編入試験などでは、課題文付の小論文という科目が「読解力」を測るために欠かせない試験科目になっているのだ。

　その証拠の一つとして、小論文問題として毎年、「課題文の要約」を出題する大学が（国公立でも私立でも）少なくない、という事実が挙げられる。要約をさせれば、読解力も記述力もすぐにわかる、という大学の先生もいるくらいである（ちなみに、筆者自身は、文章を読解し的確にポイントを要約する能力は、国語力の核となる力であると同時に、あらゆる学力の基礎ともなると考えている）。

　課題文を読んで要約をする作業は、きちんとした小論文を書けるようになるための前提であると同時に、いくつかの大学の入試対策として必要なトレーニングでもあるのだ。

　ここでは、このような要約問題への取り組み方、解答方法について解説する。

◆要約問題へのアプローチ

　要約とは、長い表現や文章を短く簡明な言葉で言い換えることをいう。課題文を読み、要点と要点でないもの、核心的なものと余分なものを選別して、要点・核心のみを抜き出し、並び替えて、短い言葉で言い換えて再表現するのだ。

　要約問題の解答は、筆者の述べていることの核心をつかみ、本文を読んでいない第三者にもわかるような言葉で**記述しなおす**ことがポイントである。

　典型的な「ダメ答案」は、形式段落ごとに、重要そうな言葉と表現を見つけ出してきて、それらを「ただ繋げただけ」のものだ。もちろん、それでも要約として成立する場合もあるが、それは単なる幸運な例（偶然）だ。

　出題者は、修飾語を削るだけで要約が完成するような、理路整然

とした文章をあえて避ける場合が多い。わざわざ、論理が錯綜しており飛躍があるような「わかりにくい」文章を出題することもあるので注意が必要だ。重要なのは、形式段落をそのまま小さくまとめるのではなく、「内容」に従って配置しなおすことである。

　意味の上での論理展開を重視し、事実や具体例、筆者の**意見・主張**、意見を**サポートする文章（前提、根拠、帰結、展開など）**を選り分けることが何よりも大切だ。解答では、それらの文の内容を分別・分解したうえで、筆者の「意見・主張」がもっとも簡潔に伝わるような表現で書きなおすようにしよう。

　以下、要約の具体的手順を記す。この手順に従って、要約を作成してみよう。

◆【要約作成チャート】

1. 設問に特別な指示がないが確認する（字数や解答方法など、**設問の指示には必ず従う**）。
2. まず、重要と思われる箇所にマークをしながら、論理展開に気をつけつつ全文に目を通す。
3. 文章全体の「**テーマ**」は何であるかを確認する。
4. 「**意見文**」か、たんなる「**事実の説明文**」か、区別する。

> ⇒「意見文」の場合は、
> ① テーマに関する**筆者の結論・意見**を確認する。
> ② 筆者の意見に対する、**前提、根拠**を探す。
> ③ 筆者の意見を中心にして、**文章を再構成**する。

⇒「事実の説明文」や「物語的文章」の場合は、

① 時系列にしたがって記述する。

② 場所、場面を分けて記述する。

③ 因果関係（原因と結果）を記述する。

では、以下300字の要約問題にチャレンジしよう。

1 セレンディピティとは何か

問題：課題文を読み300字以内で要約しなさい。

「天才とは、1パーセントのひらめきと99パーセントの汗と努力の賜物である」というトーマス・エジソン（1847—1931）の言葉はよく知られている。「科学の成果」などというと、いかにも天才や優秀な科学者たちといった一部の特別な人びとの「ひらめき」によってのみ築かれてきたように思えるが、実はそうではない。

科学上の偉大な発見にはセレンディピティ（serendipity）が欠かせないといわれることが多い。セレンディピティとはイギリスの小説家ホレス・ウォルポール（1717—97）による造語で、「偶然を逃さない感性」を意味する。ウォルポールは友人に宛てた書簡の中で、その語源としてペルシャの物語『セレンディップ（スリランカの古称）の三王子』を挙げている。

王は三人の王子に宝探しを命じた。第一王子はまっすぐ宝石が

あるとおぼしき山に登り、三人の中で一番乗りだったが宝石を探し当てることはできなかった。途中にどのような素晴らしいものがあろうとも、脇目もふらずに登り続けた。ともかく早く宝石を得ようとしたのである。怠け者の第二王子には少々さぼり癖があったため、ときに休息をとりながらのんびり進んだ。休んだとき、足元に落ちていた石を拾い上げてみたが、価値がないといって捨ててしまった。宝石と石の違いを見分ける観察眼がなかったのである。第三王子は目的の山に向かって計画的に進んだ。休息をとっていたところ、面白そうな石を見つけて拾い上げた。本来探していた目的の石とは違ったが、素晴らしい宝石だったので喜んで持ち帰った。この第三王子がセレンディピティに恵まれたということである。

　このエピソードは、科学研究に必要な資質というものをよく物語っていると思われる。第一王子は目標に向かってまっしぐらに進むタイプだ。目標にそぐわないものには見向きもしない。そのため、人智の及ばない自然の妙に対して目が開かれていず、新しい学問分野を開拓していくような研究では成功しづらいのではないだろうか。ただし、繰り返しの実験や作業など、地道な研究活動も、実は今日の科学を支えている重要な要素のひとつである。

　第二王子は、日ごろから基礎学力を養っていなかったため、拾い上げた石の価値がわからなかった。大切なのは、第三王子のようにまず目標を定めてしっかり歩き出すことだろう。高い目標であればそれだけ、歩き出す前にしっかりした多くの基礎知識を獲得し、歩き出した後も常に最新の情報を入手する努力が必須だ。だが、ときには休んで傍らの石を拾い上げる余裕も必要だ。そして何より、彼には、王が初めに命じた石ではなかったものの、拾

い上げた石の価値が素晴らしいものであることを見出す、幅広い知識と観察力が身についていた。計画性と偶然性の両立、あるいは日ごろの研鑽とときには休むことのできる余裕とが、第三王子を成功に導いたといえるだろう。

英国のアレクサンダー・フレミング（1881—1955）がペニシリンを発見したきっかけは、休暇から帰ってきたとき、ブドウ球菌が青カビのコロニー（群落）の部分にだけ生えていなかったのを見たことだという。それを見逃さない感性がフレミングにはあった。研究とは、日々のこまごまとした退屈な決まりきった（ルーティン）作業を必ず伴うものである。だが、ルーティンだからつまらないといって、その作業にあたるときに心のスイッチを切ってしまっては、微細だが重要な変化を見逃してしまう可能性が高い。

白川英樹博士が、2000 年度ノーベル化学賞受賞の業績となった導電性ポリアセチレンを発見するきっかけとなったのは、大学院生が触媒の濃度を 1000 倍間違えたことによって実験が失敗したからだった。このとき、通常とは異なってビーカーの中に、銀色に光る膜状のものができていたのだ。このことを単なる「実験の失敗」ととらえたのでは、それ以上の発展はなかっただろう。通常とは異なる実験結果と院生の失敗とを結びつけ、「ここに何かがあるのではないか」と気づくのは、心がいきいきしているからではないだろうか。また、発想が柔軟に転換できるからではないだろうか。

ひらめきとは、柔軟な思考と生きた心から生まれるものであろう。アルキメデスの前に、何人がお風呂の水を溢れさせただろうか。ニュートンの前に、何人がリンゴが木から落ちるのを見ただ

ろうか。同じ現象を見ても、それが人に与えるインパクトはさまざまである。しかし、彼らより前には彼らのようにひらめいた人はいなかったのだ。フレミングの場合も白川博士の場合も、その発見のきっかけは偶然からだった。しかし、彼らのようにいきいきした心を持つ優秀な科学者には、その偶然を逃さずに自分に引きつける能力も備わっているのだ。

[出典：黒田玲子『科学を育む』(中公新書)]

[金沢医科大学　医学部]

　　まず、この問題の指示を確認しよう。「字数300字以内」が唯一の指定条件だが、最低9割、270字程度は字数を埋めないと減点される可能性があるので注意が必要だ。

　　次に、「キーワード」をマークしつつ全文を読み、「テーマ」は何であるかを確認する。

　　「科学の成果」「ひらめき」「セレンディピティ」「偶然性」「柔軟な思考」「生きた心」などのキーワードにマークができただろうか。

　　マークしたキーワードのうち、「偶然性」「柔軟な思考」「生きた心」は、「セレンディピティ」(偶然を逃さない感性)を説明する言葉だ。したがって、最も重要なキーワードは、「科学の成果」「ひらめき」「セレンディピティ」の3つに絞れることになるだろう。

　　課題文の出典である『科学を育む』というタイトルも参考にして考える。すると、この課題文の「テーマ」は、「科学の偉大な成果・発見とは何か（どのように得られるか）」であり、それに対する筆者の結論・意見は、「科学の偉大な成果・発見には、単なるひらめきだけでなく、その前提になるセレンディピティが必要だ」ということになる。

　ここまでできれば、ほぼ一応の要約は完成したと言えるだろう。ただし、300 字という比較的長めの字数が設定されているので、少し肉づけが必要となる。

　そこで、筆者の「意見」に対する、「前提、根拠」を探してみることにしよう。

　「実際に成し遂げられた科学的発見には、偶然の出来事に対する柔軟な思考や生き生きした感性があった」ということの「**具体的事例**」が説明されている。これらの具体的事例が、筆者の意見の根拠となっているものだ。

　つまり、筆者は、これらのさまざまな科学的発見のエピソード（具体的事例）を列挙することにより、「本当に、科学の偉大な発見には、セレンディピティが必要であった」ことを説明（証明）しようとしているのである。

　■ **解答案：**

　科学上の偉大な発見や成果に結びつくひらめきの前提には、セレンディピティがある。セレンディピティとは、「偶然を逃さない感性」を意味するが、偉大な発見を成し遂げた科学者は、小さな偶然を逃さずに、自らに引き付ける能力を持っていたのだ。たとえば、フレミングがペニシリンを発見したのは、偶然生えさせてしまった青カビを見たことがきっかけであり、白川英樹博士の発見も、触媒の濃度を間違えたことによる偶然の失敗からであった。ニュートンやアルキメデスによる偉大な成果も、平凡だが偶然的な出来事に際して、そこに何かがあるのではないかという発想を引き出せる柔軟性と生き生きとした感性があったからに違いない。（292 字）

この課題文の要約においては、これらの「具体的事例」が、筆者の意見の根拠になっているため、要約文のなかにも、字数に応じて採用することにする。

「要約においては具体例を削除して書きましょう」と説明される場合もあるが、この課題文中の具体例は、それ自体が**筆者の意見の正しさを支える根拠**となっているため、削除不可である。これらを削除してしまうと、他に「意見の根拠・理由」として採用するべきものがなくなってしまう。これでは、300字もの要約文は作れない。

以下、参考として、出題の指定が「200字以内」での要約だった場合の解答案を載せておく。

解答案（字数制限が200字以内の場合）：

科学上の偉大な発見や成果に結びつくひらめきの前提には、セレンディピティがある。セレンディピティとは、「偶然を逃さない感性」を意味するが、偉大な発見を成し遂げた科学者は、小さな偶然を逃さずに、自らに引き付ける能力を持っていたのだ。たとえば、フレミングによるペニシリンの発見も、白川博士の発見も、偶然の失敗からであった。こういった偉大な成果の背景には、柔軟性と、生き生きとした感性とがあったに違いない。（199字）

2　日本語と欧米語の書き言葉

問題： 課題文を読み 300 字以内で要約しなさい。

　欧州は、古来、多くの民族がせめぎあって栄枯盛衰をくりかえし、今もその跡が刻まれている土地である。一つの国にいくつかの民族が同居している例は珍しくない。複数の公用語（国語）のある国もある。その上、陸つづきで隣国との往き来も簡単だから、すこし極端な言い方をすれば、通りの向こうからやってくる男が何語で話しかけてくるのか、いざとなるまでわからないのが普通なのである。

　異なった歴史を背負い、異なったことばを話す人たちのあいだの交流はむずかしい。複雑・婉曲な言いまわしはしばしば誤解を招く。相手の共感を呼ぼうとしてかえって怒らせることも少なくない。いきおい、交渉のしかたは自己の主張を徹底させることを第一に、くどいほど隅々まで明確に、ということになろう。

　欧州にそういうものの言い方を発達させたもう一つの原因として私が考えるのは、欧州の社会は契約社会、契約を土台として成り立っている社会だということだ。部屋を借りるにしても、荷物を送るにしても、すべてに契約書がつきまとう。これは、一つには先に述べたような人文地理的な事情にもとづくのだろうが、キリスト教の影響もあるのかもしれない。とにかく彼らは暗黙の了解でことを運ぶのを好まず、あからさまな形で契約を結び、いざというときには契約書をもとに論争によって理非を決しようとする。この習慣が、自己主張的な、くどさをいとわず明確さを追求

するものの言い方を発達させたことは疑いない。

　日本の事情は欧州と対照的だ。おおざっぱに見れば国じゅうが同じ民族で同じことばを話す。青森と鹿児島にことばのちがい、気質のちがいはあるが、ドイツとイタリアの差にくらべれば問題でない。日本人同士であれば、ことばが通じることはもちろん、七面倒なことは言わなくてもことばのはしばしだけでこちらの意志も気持も相手に通じる—とたいていの人が信じている。「万事よろしくお願いします」という言い方がそのことの表れで、これは契約主義、逐条明確主義で育った人種には無意味語としか聞こえまい。

　私たちの国では、四面の海が異民族の侵入を防ぎ、いわば同族だけがせまい四つの島にとじこもって鼻つき合わせて暮らしてきた。そこでいちばん大切な生活の心得は、異を立て角つき合わぬこと、みんなに同調することであった。交渉のしかたもこれに準拠して、自分の意見を明確に主張して正面から相手にぶつけるよりも、ぼやかした表現によって相手の意向を問いかけ、相手がきめたようなかたちにして実は八分通りは自己の意見を通すのをよしとしてきたのである。

　そういう言語環境のなかで育ってきた私たちは、論文を書くときにも、「読者に裁量の余地を残しておかなければ……」と思う。あまり断定的に書くのはぶしつけだと感じる。論文のなかのデアロウは正にその感じから生まれるていねい語なのだが、その感じは欧米人種には理解できないものらしい。彼らの世界では、丁重ということと、断定的でなく含みを残していうこととは無縁なのである。

　私は、日本人のなかでは欧米的な考え方、感じ方を比較的よく

解するほうで、時と場合によっては彼らと共通の足場で考え、感じることもできる――と信じている。しかし、論文を書くときに「ほかの可能性もあるのに、それを斟酌せずに自分の考えを断定的に述べる」ことにはいつも強い抵抗を感じる。英語の論文の場合にはデアルと書くし、日本語の論文でもこのごろはデアルと書くようにつとめているが、それは心の中で押し問答をしたあげくのことだ。ほんとうはデアロウ、ト考エラレルと含みを残した書き方をしたいのである。これはまさに私のなかの日本的教義が抵抗するせいなので、性根において私がまごうかたなく日本人であり、日本的感性を骨まで刻みこまれていることの証拠であろう。

　私自身の心情がいま告白したとおりなのだが、理性的な判断として私は、日本人は平均として自分の考えをもっと明確に言い切らなければならぬと考える。世の中には、ことに実務の面では、はっきりものを言わなければならない場面がたくさんある。そういうときに相手をおもんぱかって敢えて自分の考えを明言せぬ言語習慣が、私たちの社会の風通しを悪くしている。また、科学（自然科学とかぎらず社会科学でも人文科学でも）は冷たく澄んだ世界で、そこではとことんまで突きつめた明確な表現が必要なのだが、私たちはとかく表現をぼかし、断言を避けて問題をあいまいにし、論争を不徹底にしてしまいがちである。

　私は、直接的な言い方を避けて相手が察してくれることを期待する日本語のもの言いの美しさを愛する。そういう言い方を、これから育つ人たちにも大切にしてもらいたいと思う。しかし、理科系の仕事の文書は、がんらい心情的要素をふくまず、政治的思慮とも無縁でもっぱら明快を旨とすべきものである。そこでは記述はあくまで正確であり、意見はできるかぎり明確かつ具体的で

あらねばならぬ。

［出典：木下是雄『理科系の作文技術』より］

　この課題文は、仕事や書き言葉における日本語のあり方を主題としている。テーマが「作文技術」だけあって、明快な論旨でたいへんわかりやすい文章だ。

　テーマを読解するにあたっては、出典の本のタイトルもチェックするようにしよう。国語（現代文）の問題でも同じことだが、ヒントは意外なところに隠されている場合がある。

　問題文の冊子にも、「出典『理科系の作文技術』」と書かれてあったはずだ。それを見逃さないで、課題文が作文技術の本であることがわかれば、テーマは、文章論、書き言葉についてであることはハッキリする。これだけでも、要約しやすくなるはずだ。

　解答案の結論部分では、「とりわけ理科系の仕事の文書では、もっぱら明快を旨とすべき」とまとめてある。これは、課題文が「作文技術の本」であることを踏まえてこうしている。

　ちなみに、この木下先生の本は、初版発売からすでに40年近くたった大ベストセラーで、大学の生協（書店）などには、毎年春になると平積みになる名著だ。筆者自身も、一つ目の大学院に進んだ時に、指導教官に薦められ手に取った。もちろん、大学受験生にもお薦めの一冊である。

■ 解答案：

　欧州は、古来、多くの民族がせめぎあって栄枯盛衰をくりかえしており、公用語が複数ある国すらある。また、欧州は、契約を土台として成り立っている社会でもある。そこから、自己主張的で、明確さを追求する言語が発達した。対照的に、日本は、同じ民族同士が、同じ言葉を話し、せまい四つの島にとじこもって暮らしてきた。そこで、日本では、みんなに同調することが重要になり、ぼやかした表現が好まれるようになった。そういう言語環境の中では、書き言葉においても、断定的に書くことは忌避される。しかし、実務の面では、はっきりものを言わなければならない場面がある。とりわけ理科系の仕事の文書では、もっぱら明快を旨とすべきである。(300 字)

3　人文社会系の学問と自然科学の間の溝

問題：課題文を読み 300 字以内で要約しなさい。

　小さいとき、2 年ほど海辺の町で過ごしたことがある。そこで体験した海や川の自然のすばらしさは、忘れられない思い出となった。また、そのとき叔母たちから図鑑というものを教えられ、感動してその虜になった。一方では、物語や小説など書物の世界も私を魅了した。科学に対する興味はずっと持続していたが、中学、高校のころには歴史、哲学、文学を読み漁った。

そんなわけで、私は根っからの「理科系」でも、根っからの「文科系」でもないような気がする。最終的には科学者になったのだから、科学に対する興味が勝ったのだが、文学などにはまったく興味のない理科系人間というわけではない。

　しかしながら、最近、人文・社会系の諸学問を専門とする人達との間に越えられないとまではいわないが、非常に深い溝があることをつくづく思い知らされている。文系と理系というと、まるで受験の窓口のような感じがして好きではないのだが、俗にいうこの二つのタイプの学問群の間には考えの構築、仮説というもののもつ意味、事実に対する評価、実証の仕方、議論の方法などに始まって、論文の書き方、引用の仕方、他人の業績の評価にいたるまでのさまざまな点に大きな違いがあり、要するに、学問のあり方全体が違う。

　現在では、人文・社会系の人々と自然科学系の人々とが同じ場所で話をする機会はほとんどない。毎日の仕事の場では自分の仕事だけで手一杯であるし、自分の仕事はおもしろく、自分の分野の発展においついていくだけでも十分に忙しい。まったく関係の無い分野の人間たちが、どういう方法で仕事をしていようと、たいして関係のない話である。

　ところが、「人間」というものを科学的に解明しようという試みを始めたとたん、人文・社会系の人々と同じ柵の中に入っていかざるをえないことになる。人間の解剖学や生理学ではない。それは、まだ柵の外だ。人間の心、行動、社会の解明に興味をもつと、それはもう柵の中である。私にとって、このようなことを考え始めるきっかけとなったのは、男と女についてのフェミニストたちの主張を知るようになったことだ（活躍しているフェミニスト

ちのほとんどは人文・社会系である。もっとも、私自身は、自分もフェミニエストだと思っているが）。

　自然科学は、基本的な理論によって広範囲の現象を説明しようとするものだが、人文・社会系の学者は広範囲の現象を広く説明できる理論など、浅くてつまらないものだと思っているのかもしれない。普遍性の追究を重んじるか、個別性の追究を重んじるかの違い、ともいえるかもしれない。自然科学は、その内部の諸分野間に整合性がなくてはならないので、ある一人の科学者の業績は、ジグソーパズル全体の中の一つのピースのようなものだ。しかし、人文・社会系の学問では、個人の考えがもっとずっと他から独立して存在できるようだ。

　もちろん、自然系と人文・社会系の学問の考え方の違いは、このように単純にわりきってしまえるものでもないし、対象の性質の違いを考えれば、学問の方法は違って当然である。まったく発想の違う人たちが集まるのは悪いことではないが、まったく噛み合わない消耗するだけの議論で終わることも、しばしばである。話が通じないのは、相手の分野の基本的な知識を、双方が持ち合わせていないことだけが原因ではない。それよりももっと大きな障壁は、それぞれの分野の考え方が、どのような思考の枠組みの中から生まれてきたのかを理解できないところにある。一方は、自然科学の理論というものがどのようにして導かれ、どのように検証されるのかを知らない。他方は、相手が、どのような事態が生じれば意見を変えるつもりであるかがわからない。

　大学生のころだったか、教養とは何かというような話題を扱った本の中で、「シェイクスピアのハムレットのセリフを知らないと無教養だと思われるが、熱力学の第二法則を知らなくとも無教

養だとは思われないのはおかしい」というのがあった。確かに、伝統的に「教養」といわれているものは、歴史や文学の素養であって自然科学の素養ではない。C・P・スノウは科学者で作家だったが、「この世の中には、科学を解する人々と解さない人々とがおり、双方の間には、二つの異なる文化の間にあるような深い溝が横たわっている」といった。

　スノウが「二つの文化」ということをいってから40年近くがたち、現代の社会は、ますます自然科学の直接の産物である技術に満ち溢れている。もちろん、学校教育では科学は相当の地位を占めているし、文科省も現在の私たちの社会が立脚するところの自然科学の基礎を理解することは、立派な社会人になるために不可欠な要素だと考えているに違いない。しかし、相変わらず、人文・社会系の学問と自然科学系の学問との溝は深く、科学者と一般の人々との間の溝も深い。技術を使いこなすことは、現代人の教養の一つと考えられているのだろうが、技術は科学とは別物だ。

[出典：長谷川眞理子『科学の目、科学のこころ』]

[金沢医科大学　医学部]

　要約問題2のような、論旨のはっきりした文章とは正反対のタイプの文章である。論理が錯綜しており、あまり主張のポイントがっきりしない。同じ大学の出題だが、こちらのほうがずっと難易度は高いといえる。

　要約を始める場合は、まずテーマが何かをはっきりさせることが重要だ。その「テーマ」に対する、筆者の応答が「意見・主張」となるのである。そして要約では、テーマに対する筆者の「意見」を中心にまとめるとやりやすくなる。

　このエッセイのテーマは、文科系と理科系の学問の間にある「溝」についてである。しかし、それに対する、筆者の意見、主張が何なのか、一瞥しただけではハッキリとしない。そこで、全文をもう一度よく読んでみると、「教養」「柵の中」などのキーワードが重要であることがわかってくる。

　筆者は、現代では、人間の科学的理解において、ますます学問間の垣根を越えた協同が必要になって来ているにも関わらず、相変わらず「溝が深い」ことを繰り返し嘆いている。そこからわかるのは、筆者は、ここに問題意識を持っており、「溝を架橋するもの」が必要と考えているということだ。

　そこで、解答案では、傍線部「人文・社会と自然科学を架橋する教養が求められている。」を結論として、かなり積極的な要約を作成してみることにした。傍線部は、課題文中には明示されていないが、筆者の最終意見だと推測できるものである。

　筆者の意見はどこにあるのか、ということを、テーマと関連付けて読み込んでみてほしい。課題文本文の最後の文、「相変わらず、人文・社会系の学問と自然科学系の学問との溝は深く、科学者と一般の人々との間の溝も深い。技術を使いこなすことは、現代人の教養の一つと考えられているのだろうが、技術は科学とは別物だ」という個所を読むと、その個所から傍線部のような記述が自然に出てくるように読めるはずだ。

　最近、人文・社会系の諸学問を専門とする人達との間に、非常に深い溝があることを思い知らされている。両者が同じ場所で話をする機会はほとんどない。ところが、「人間」というものを科学的に解明しようという試みを始めたとたん、人文・社会系の人々と同じ柵の中に入っていかざるをえないことになる。一方、現代の社会は、ますます自然科学の直接の産物である技術に満ち溢れており、学校教育でも自然科学は重視されているが、相変わらず、学問の間の溝は深く、科学者と一般の人々との間の溝も深い。技術は、現代人の教養の一つと考えられているが、技術は科学ではなく教養でもない。<u>人文・社会と自然科学を架橋する教養が求められている。</u>（297字）

　以下、要約問題の４と５については、解説を省略する。各自、よく検討してみてほしい。

4　医師と科学者の違い

問題：課題文を読み、300字以内で要約しなさい。

　医師が知的専門職であることは、いまさら言うまでもないし、上の描述でも繰り返し触れたが、上に挙げた科学者の状況と比べた場合に、どのような違いがありりうるであろうか。第一に科学者にあっては、二つの基準があったことに注目しておこう。一つはいわば「外向き」のものであって、科学が生み出す知的生産物が

一般社会にとって高い効用をもつ、というものであった。つまり「現実的効用性」が、業績の評価基準になる。しかし逆に「内向き」には、そのような効用性は全く問題にされず、あの「何か新しい」ことを付け加えたか否か、だけが、研究業績の評価基準になる。ここにはホンネとタテマエのダブル・スタンダードがある。そして科学者としては、本当にしたがっている行動原理は、もちろん専門家集団のそれである。医師にとっても、もちろん同業者の造る共同体から受けるさまざまな規制には神経質にならざるを得ないし、それが実際上医療業務に就くことができるか否かの岐かれ目になるような場合（例えば由緒あるイギリスの Royal College of Physicians への加盟）には、それは深刻な意味をもつ。けれども、医師の場合は何と言っても、患者という直接接触するクライアントが存在しており、その人々のもつ、自分の仕事に対する評価こそ、すべてに勝るものであった。

　当然のことながら、患者もしくはその家族にとって評価のよい医師が、常に最良の医師とは限らない。もともと患者やその周囲の人々はエゴイスティックな存在である。しかし、だからと言って、患者のことを第一に考えないような医師は、それだけで医師としては失格であることも、誰の眼にも明らかである。したがって、あの有名な「ヒッポクラテスの誓い」の例はあるものの、医師の行動原理に難しい紛れはなかったと言ってよいだろう。もちろん実際問題としては、医師と患者との間には、しばしば、多くのトラブルが生じたであろうことは、今も昔もかわりない。だからこそ、一九世紀初頭に現れた、これも医の倫理が問題にされるときに、必ず引き合いに出されるパージヴァルの著作 Medical Ethics(1803) も、大上段に振りかぶった倫理の書物というよりは、

そのような具体的なトラブルを起こさないための、あるいは起きてしまったときに穏便に解決するための、現実的な配慮（英語にはprudenceという言葉がある）についての書物という感を拭えないのでもあろう。

医師という天職を支えている暗黙の諒解は、社会の中で比較的安定しており、別に取り立てて、正面から問題にする必要もなかった、という言い方もできるかもしれない。しかし明らかに今日は事情がかわってしまった。最初の節でも述べたように、その変化の原因の一つは、医療の場面に導入された高度のテクノロジーの成果にあるだろうが、しかし、問題の根本はそのような医師像そのものが、大きく変化したことにあるのではないか。一言でいってしまえば、医師は現在では科学者になってしまったのではないか。

このように言うと、誰でも反論するだろう。科学の進歩に背を向けた、伝統的な医術にしがみついた、退嬰的な医師などは、困り者ではないか。研究熱心で、日夜療法や術式の改良・進歩を怠らないような、そして最先端の知識や技術を使いこなせるような医師でなければ、われわれは信用できないではないか。

著者は、この反論には異論がない。問題は、医師が科学研究にどれだけ感心があるか否かではない。おおむね、科学に強い関心をもち、進取の気性に富んだ医師は、好ましい医師に違いない。問題の核心は別のところにある。著者が、医師が科学者になった、と言うとき、その意味は、医師の行動原理が科学者のそれと同じになってしまった、ということを指している。

現在では、多くの医師とりわけ専門医と呼ばれる医師が、上に挙げた科学者の行動基準と全く同じ行動基準で医学研究に従事し

ている。彼らは、さまざまな症例に接し、その治療に従事するが、そこから多くの医学論文を学会の機関誌に投稿する。そこでは完全に「内向き」の評価基準が働いているから、レフェリーのお眼鏡に叶って、掲載を許され、立派な業績として評価されるのは、例の「何か新しい」ことを、既存の知識の総体につけ加えるものでなければならない。いまや医師たちは、競って「何か新しい」業績を挙げようとする。科学者と同じ行動原理によって支配された人々の集団になりつつある。

［出典：村上陽一郎『生と死への眼差し』(青土社)］

[金沢医科大学　医学部]

■ 解答案：

　科学者は、外向き・内向きの二つの基準によって業績が評価され、それが行動原理となってきた。外向きの評価基準とは、社会にどれだけ有用かという現実的効用性であり、内向きの評価基準とは、過去の研究業績に何か新しいことを付け加えたかということである。その中で、科学者がホンネで重視しているのは内向きの評価である。

　医師の場合も、外向き・内向きの二重基準によって評価が与えられるが、最近までは患者による外向きの評価こそすべてに勝るものであった。ところが、医療に高度なテクノロジーが導入されてきた現在、医師の評価基準が、科学者のそれと同じになってきてしまった。(272字)

　以下、字数制限が200字以内であった場合の解答案を載せておく。

　科学者は、二つの基準によって業績が評価され、それが行動原理となってきた。外向きの評価基準とは、社会にどれだけ有用かということであり、内向きの評価基準とは、研究業績への貢献度であるが、科学者が重視しているのは内向きの評価である。医師の場合は、最近までは患者による外向きの評価こそすべてに勝るものであった。ところが現在は、医師の評価基準が、科学者のそれと同じになってきてしまった。(188字)

5　ヒトの対環境戦略

問題：課題文を読み、300字以内で要約しなさい。

　地球の生命の歴史を見ると、それはより複雑な体のつくり、より高度な機能をもつ生物へと次々に進化していく歴史であったことがわかる。特に、環境に適した形質の進化が重要であるが、適応進化を導く環境の作用のなかでも、「他の生物」による作用、すなわち生物間相互作用は大きな影響力をもっている。たとえば、植物は、その花粉を運ぶ昆虫に、咲く季節や時間、色、形、蜜線の深さなど、あらゆる花の特性を合わせるように進化している一方で、昆虫は口先の形や行動、学習能力などの点でそれぞれが利用する花にふさわしい特性を進化させている。生物間相互作用のなかには、草食動物と捕食者のように、一方の生物が不利益を受ける「食べる－食べられる」のような関係もあるが、それだけで

なく、関係しあう両方が利益を得る関係、すなわち共生関係もある。生物間相互作用全般が適応進化による生物の多様化に欠かせないものであるが、そのなかでも、とりわけ重要な役割を果たしたと考えられるのが、この「共生」である。

　ヒトがどこでどのように誕生したかは、まだ多くの謎に包まれている。体に毛が少なく直立歩行するという現在のヒトの体の特長から、水と森が接する場所で人類が誕生したと考える研究者もいる。貧毛は、サイや海獣など、水のなかを歩いたり泳いだりする哺乳動物に共通の性質であり、また、水中を歩いて渡るには四つ足で歩くのに比べれば直立歩行は格段に有利だからである。水と陸のはざまで暮らしたそれらの人々は、木々からは果実を、水ぎわでは貝類を集めて食べていたのではないかと推測する研究者もいる。効率よく狩りをするようになる前の太古のヒトは、貝や果実などの採集利用が中心であったはずである。

　ヒトは他の多くの猿と同様、果物が好物である。みずみずしく甘みのある果物は、植物が人と共生関係をしっかりと結ぶために捧げてくれる贈り物ともいえなくもない。ヒトは果物を食べるときに種子をはき出したり、いったん消化管に入った種子を糞とともに排出することで野生植物の種子分散を助けた。ヒトはナッツも好物だが、冬の食糧として貯蔵されたナッツのうち、いくつかは食べられないまま芽吹くこともあったろう。リスやネズミと同じように、ドングリなどのナッツを貯蔵することによって植物の生息域を広げるものとしての役割も果たしたにちがいない。

　ヒトは花を愛でる。花は、花粉を媒介する動物にアピールするためのしるしを、その色彩、形、香りなどに潜ませているが、それはヒトにとっても有効なしるしとしてアピールする。果物の前

触れともいえる花に対して、ヒトはそれを好ましいと感じる感性が宿ったのかもしれない。

いずれにしても、花とそれが終わった後にできる実は、植物と動物の共生の象徴である。ヒトには、「共生」を求め、それを楽しむ心が備わっていると考えてもよいだろう。ヒトの環境に対する戦略の原型は、無意識的な、あるいは消極的な共生型の戦略だったのである。

人類の歴史において、集団での大がかりな狩りを行ったのは、新人、すなわち私たちと同じ種、ホモ・サピエンスだけである。

動物の肉は初期の人類にとっても重要なえさであったが、それは死肉の利用であった。道具を使って哺乳動物の死体から肉を切りだして食糧にするこの行為は、狩猟行為の前段階と見ることもできるが、同じ肉を食べるにしても、死体を見つけてそれをむさぼるのと、生きた動物を殺してえさにするのとでは、行動上、心理上の大きな差異があるはずだ。生きた動物を狩ることへのためらいや、危機回避に寄与する「恐れ」に打ち勝つには、「征服欲」とでもいった積極的な心の働きがなければならないだろう。

ホモ・サピエンス、すなわちクロマニョン人がヨーロッパに現れたのは４万年前である。彼らは、まさに狩りを主な業とする人々であった。大型哺乳動物を狩ってその豊富な肉を食糧としていたクロマニョン人は、それらの姿と生態をつぶさに観察して、絵画として写しとった。それは、きわめて積極的で意識的な心の働きがあってはじめて可能であった。生物と環境との関係において、そこに新たな関係が生まれたと見ることができるだろう。それは、受動的に環境になじんで暮らす生活とはまったく異なる積極的な環境への対応であり、征服型の対環境戦略ともいうべきものなの

である。

　まず、環境に対する精緻な認識の力をもったこと、加えてその認識を個体レベルにとどめず、言語を、そして絵画を用いて、集団全体の認識とする力を発達させたこと、それによって、集団での心と力をあわせての行動が可能となった。さらに、世代を超えて経験を伝達し、認識や思考を蓄積することができるようになった。これらが、環境に対して積極的に働きかけ、環境を改変していく対環境戦略を可能にしたともいえるだろう。こうしてヒトは単なる野生生物であることをやめ、環境を積極的に変える生物へと一歩を踏みだした。

　[出典：鷲谷いづみ『自然再生』より]

　　　　　　　　　　　　　　　　　　　[金沢医科大学　医学部]

■ **解答案**（300 字以内）：

　生命の歴史は、環境に適応する進化の歴史であったが、人類は、はじめ他の動植物との共生関係から進化を始めた。ヒトの環境に対する戦略の原型は、無意識的で消極的な「共生型の戦略」であったのである。ところが、ヒトは、ホモサピエンスに進化すると、単なる野生動物であることをやめ、環境を積極的に変える生物へと一歩を踏み出し、「征服型の戦略」を取るようになる。初期の人類が、死肉の利用から集団での大がかりな狩猟行為を行うようになるには、恐怖心を克服するなど、きわめて積極的で意識的な心の働きが必要であった。それは、環境を認識し、その認識を言語や絵画を用いて集団に伝播し、さらに世代を超えて経験を伝達する能力であった。（300 字）

■ 解答案 (500 字以内)：

　地球の生命の歴史は、より複雑で高度な機能をもつ生物への進化の歴史であった。そのなかでも、環境に適した形質への進化が重要であったが、生物間の相互作用は特に大きな影響力を持っている。生物間相互作用には、「食べる・食べられる」のような一方の生物が不利益を受ける関係と、関係する両者が利益を得る「共生」という関係もある。初期の人間は、花や果実を通じて他の動植物との共生関係から進化を始めた。ヒトの環境に対する戦略の原型は、無意識的な、あるいは消極的な共生型の戦略だったのである。ヒトが、単なる野生動物であることをやめ、環境を積極的に変える生物へと一歩を踏み出すのは、ヒトが新人、すなわち現代の人類と同じホモサピエンスに進化し、集団での大がかりな狩りを行うようになってからである。初期の人類が死肉の利用から狩猟行為を行うに至るには、きわめて積極的で意識的な心の働きがあってはじめて可能になった。それには、環境認識力を持ち、それを言語や絵画を用いて集団の認識とし、さらに世代を超えて経験を伝達する能力が必要であったが、このような環境に対する積極的な対応は、征服型の環境戦略ともいうべきものである。

(492 字)

第２章：要約から意見構築へ

ここからは、要約問題を受け、課題文のポイントを把握し、その
ポイントに対する意見論述に広げていくやり方を練習する。

1　衰えと人間の能力

問題：次の文章を読んで、以下の問いに答えなさい。

　九十三歳という、若いときには考えてもみなかった年齢まで生
きてしまって、いろいろな経験もしてきたせいか、世間では常識
になっているやさしさとか、思いやりといったようなことについ
て、このごろの私は、自分の経験から「いや、それは違うかもし
れないぞ」と思うことがよくある。
　私自身の生活を思い返してみても、いろいろある。高齢社会と
いわれはじめた頃だった。ある建築関係のPR誌の座談会によば
れて、当時すでに高齢者といわれる年になっていた私は、その立
場での発言を求められたのだった。それは高齢者のための住いと
してバリアフリーということが流行語のひとつになっていたが、
それについて意見をきかれて、
　「車椅子生活や足の動きが不自由になったら、それは便利でい
いと思いますが、健常者には、あまり早々とそんなことを考えな
くてもいいでしょう。注意力をなくさないことも大切だと思うの
です。」
と、私の問題として話した記憶がある。私は自分のことを考えた
のだった。家の中ばかりバリアフリーにしても、一歩家を出れば

外はバリアだらけ、階段だらけなのだ。当時まだ駅にエスカレーターやエレベーターのあるところは少なかった。

　そろそろ足が弱ってきたとき、私のことをいろいろ考えてくれている身内のものが、

　「今のうちに、家の中をもっと住みやすく、バリアフリーにしておいた方がいいよ」

とすすめてくれたが、そういう心づかいには感謝しながらも、実際問題としては、私自身が注意力をなくしてしまいそうで、まだこのままがいいと思っていたときだったのだ。

　もともと私の住いは、変な家だが床面はほとんど平らになっている。夫が次々と本を買っては置き場所に困ると物置をあちこちにつぎ足し、それをくり返していた。だから、上がったり降りたりより、紙袋に入れた資料が床に置いてあったり、積み重ねてある本を蹴飛ばしたり、つまずいたりしないようにと気をつけることには慣れていたので、夫本位の家から、自分中心の一人暮らしになっても、足元に注意することは忘れていなかった。

　夫が亡くなって四半世紀がすぎたが、まだ私はその古い家でくらしている。真夜中に電気もつけずに家の中を歩いても、何歩歩けば次の部屋のドアがあり、三センチほどの段差があるから気をつけるようにと、自分のからだがおぼえていて注意をうながすのだ。

　三センチの段差でも足をあげる力がなくなったら、私はこの家に住めなくなり、ケアつきのマンションにでも移るか、どこかのホームに入れてもらわなければならないだろうが、今日はできるから、明日のことに思いわずらうことはすまいと思っている。人の体力とか注意力は、日々ほどよく訓練されていないと、どんど

ん萎えていくのではないだろうか。

　最近、こんな経験をした。親しくしているある知りあいの娘が、数日、泊まりがけで私がなまけている家事を片づけにきてくれた。彼女のお母さんが私と同年配なので、ふだんはよく世話をしているようだ。私にも親身につくしてくれて、たとえば私が毎朝一回だけ飲んでいる血圧の薬を、朝食のあとで飲もうとすると、さっと立って台所にいきコップに水を入れて持ってきてくれる。

　何日もしないのに、彼女が帰ってまた一人の日々がはじまった朝、薬を飲もうとして、ふと気がついた。

　「あら、水を持ってくるのを忘れている」

　思わず口に出してしまった自分の言葉に、やっぱり、人に頼ってしまうとだめになるという思いを深くした。

　いつも、朝食がすむと、食器をひとまとめにして台所に運んだ手に、カップを持って水を食卓に、という手順にしているのに、親切な人に食事がすむとさっと片づけてもらい、私はデンと座ったままでテレビなど見ていて、そこにさっと水を持ってきてもらうと、おもむろに薬を飲む、そんなことが数日つづいただけで、もう私は自分の作ったルールを忘れてしまったのかと、びっくりしたり、ぞっとしたりした。

　人はちょっと楽をすると、すぐその方が快適なのでそちらに傾いていってしまう。とくに老いてみると、その傾向は著しい。だから一人暮らしの私はぞっとしたのだ。

　何もかも人にしてもらえる生活は、しあわせのようだが、それがいいとは思わない。それは頭では思っていても、からだはできるだけ楽を望むのか、私は数日で変わった自分にショックを受け

た。ひょっと気をゆるめたら、無限に楽な方にいってしまう自分に、甘えていたら下降線をたどるだけだぞと、きびしい声をかけた。

バリアフリーの家に住まないとか、一人暮らしには、いつも適度の緊張感がなければといっている自分に、裏切られたような思いも持ったが、考えてみれば、年とは関係なく、人間の能力は使わなければどんどん衰えていくことに気づいていたはずだった。

私の幼い頃は計算機などなかったから、ソロバンができなければ事務はできないといわれていた。私は小学生の頃からソロバンを習い、頭の中にソロバンをおいてする暗算も得意だった。夫と二人分の税金の計算だってそれほど努力しなくてもできた。

しかし、便利な計算機が使えるようになり、それに頼っていたら、おどろくことに、得意だった暗算ができなくなったことに気がついた。今では、買いものをしておつりをもらっても、それを確かめる暗算もできず、おろおろとしてしまうこともある。老化のためとばかりはいえないと思うのは、ずっとつづけていることについては、多少の衰えは感じても、まだそれなりの能力はあると思うのだ。

もう何度も話したり書いたりしていることなので、今さら書くことは気がひけるが、例として携帯電話をアドレスブックや電話番号簿にしている方のためにいっておきたいので、私の経験を書く。

私は妹とかその他の身内のものの電話番号を、短縮機能のある電話機におぼえさせ、妹は1、姪は2、などとおぼえていたら、外で妹の家に連絡したいことができて電話をしようとしたら、み

んな番号を忘れてしまっていた。これにもおどろいた。

　私は家で仕事をしているし、あまり外出もしないので、必要がないので携帯を持たないことにしていた。公衆電話がなくなっているに等しいこのごろ、携帯くらいは持とうかと考えていた矢先、知人が携帯をどこかに置き忘れて困ったという話をしていた。

　「あれがないと、生活できないわ。人の住所も電話番号も、みんな入っているのだもの。どうしよう」
とあわてた。何もかも記憶させて頼っていた機械を失った人間が、ヘナヘナと崩れ落ちていく姿を想像して、携帯くらいは持とうかと思ったことを取りやめにした。
［出典：吉沢久子著『94歳。寄りかからず。前向きに おおらかに』（海竜社）出題の都合により一部改変］

問1. 本文を200字以内で要約しなさい。
問2. 著者が本文で指摘している点について今後どうすべきか、あなた自身の考えを600字以内で述べなさい。

［獨協医科大学　医学部］

　獨協医科大学の小論文試験は、ここ数年、200字での要約問題、600字程度での自説論述問題の2問構成で、傾向が一貫している。課題文のタイプは、堅い論文や評論よりも、軽い読み物風のエッセーが多く、とくに要約をつくるときに注意を要する。キーワードに線を引きながら、文章に内在する論理（筋）をしっかり追って読んでいこう。

▓ 問 1（要約）の解答案：

　人間の能力は、使わなければどんどん衰えていってしまうし、年を取るとなおさらそうである。実際、人に頼ることで薬を飲むのを忘れるようになったり、電話機に頼って電話番号を思い出せなくなったりする。だから、思いやりから高齢者にバリアフリー住宅や便利な機器を勧めても、その人のためにならないことがある。携帯電話などの新しい機器も、それに頼ってしまうことで、人が本来持っていた能力が鈍化してしまうことがあるのだ。

（句読点含み 200 字）

　何度も繰り返すが、要約のコツは、記述の順序やさまざまな表現の違いに惑わされずに、内容に沿って、中身の論理的関係を軸に「再構成」することである。

　簡単に言えば、順番や表現にとらわれずに、短く「書き直す」ことで要約するのだ。

　まず、キーワードに着目しながら通読し、「テーマ」をしっかり捕まえることが肝要である。テーマとは、すなわち、筆者が解きたい、解決したい「問い」としてあらわされる。この課題文では、「便利なものはその人のためになるか」というのがテーマだ。

　課題文から、「テーマ」あるいは「問い」を見つけ出したら、その問いに対する筆者の答え（意見）、その根拠付け（論証、例証、例示）を探して、適切に配置し直す。

　この課題文では、「便利なものはその人のためになるか」というテーマ（問い）に対し、筆者は、「その人のためにならない」と答えを述べる。世間で言うやさしさや思いやりからであっても、そういった

便利な状況を与えられると、人は（とりわけ高齢者は）「本来の能力が衰える」。だから、「いや、それは違うかもしれないぞ」と言っているのである。

　論述の順番には惑わされないようにしよう。「テーマ（問い）」「意見（答え）」「論証（例証・例示など）」のパーツに分けてから組み立て直す。こうすれば、要約は完成である。

■ 問2（意見論述）の解答案：

　筆者がこの課題文で指摘しているのは、新しい機器や便利なものに頼り切ってしまうことによって、本来の人間の能力が衰えてしまうことの危険性である。私自身、近年発達が著しい携帯型コンピューター関連機器や、インターネットに依存した生活を送っている。スマートフォンやタブレットがなければ、普段の生活や勉強が進まないくらいと思えるほどである。

　たしかに、そのような新しい機器や仕組みによって、昔では考えられないほど便利な生活が送れるようにはなった。書籍では知り得なかった言葉の実際の発音や、その言葉の示す具体的な映像やイメージなども、今ではインターネットで簡単にいつでも検索して調べることができる。しかし、そのような便利さの反面、課題文の筆者が指摘するような事態が、実際に自分の身にも起こっていることに気づく。

　記憶の労力を省き、機械に頼りきっている現代人の典型的な姿がここにある。その行き着く先は、知識の断片化であろう。現代人は、いままで以上に意識的に自分の頭で考えるという習慣を身につけなければ、知識相互を結びつけて総合的な判断をするような、高度な知的活動は不可能になっていく。高度な知的活動がなければ、人

間はコンピューターの従属物に成り下がり、人間の自律性すら危うくなる。機械に頼り過ぎず、自分の頭で記憶する、思い出す、という習慣こそ、現代人が取り戻すべき人間的美徳とも言えるだろう。

（空欄を含め、589 字）

　この問題も、「著者が本文で指摘している点について今後どうすべきか」を述べなさい、という指示をきちんと踏まえることが大切である。「あなた自身の考え」を述べるのは当然だが、課題文の「何について」述べるべきなのかは、出題者が具体的に指定する場合もあるし、自由に論じてよい場合もある。

　小論文試験といえども、大学入試の「試験問題」であることは、他の科目と変わらない。しっかりと指示を読み、きちんとそれを踏まえて書くことを忘れないようにしよう。

　この課題文の論旨は極めて明快かつ、誰にも身に覚えのあるテーマだろうから、自分に引き寄せて、それへの方策を答えればよいだろう。

　次の章でも詳しく説明することになるが、自説を展開する論文においては、自分の述べる主張や意見の他に、その意見を説明・サポートする論拠（理由、根拠、具体例）が必要である。

　解答例では、記憶力を機械に頼ることで、知識の断片化が進み、有機的な知識の連関をもつ高度な知的活動ができなくなることを指摘し、そうなると、人間は機械（コンピューター）の従属物に成り果ててしまいかねない、という論拠を挙げた。しかし、この説明はやや抽象的すぎて、本来であればもう少し具体的な展開が必要である。

しかし、600字という字数制限があり、そこまで書ききれなかったことを素直に告白しておこう。大学入試問題は、出題者からの指定が絶対であり、それに従わなければならない。字数を1文字でも超えると、採点すらしてもらえない可能性もあるから注意しよう。

2 生命現象とは何か

問題：文章を読んで、以下の問に答えなさい。

①――遺伝子によって生命現象の大枠が決められているとすると、基本的には、生命の神秘なんてものはないということになりますか。

　「神秘というのは、要するに理解できないということでしょう。生物というのは、もともと地球上にあったものではなくて、無生物からできたものですよね。無生物からできたものであれば、物理学及び化学の方法論で解明できるものである。要するに、生物は非常に複雑な機械にすぎないと思いますね」

②――そうすると、人間の精神現象なんかも含めて、生命現象はすべて物質レベルで説明がつけられるということになりますか。

　「そうだと思いますね。もちろんいまはできないけど、いずれできるようになると思いますよ。脳の中でどういう物質とどういう物質がインタラクト（相互作用）して、どういう現象が起きるのかということが微細にわかるようになり、DNAレベル、細胞

レベル、細胞の小集団レベルというふうに展開していく現象のヒエラルキーの総体がわかってきたら、例えば、人間が考えるということとか、エモーションなんかにしても、物質的に説明できるようになると思いますね。いまはわからないことが多いからそういう精神現象は神秘な生命現象だと思われているけれど、わかれば神秘でも何でもなくなるわけです。早い話、免疫現象だって昔は生命の神秘だと思われていた。しかし、その原理、メカニズムがここまで解明されてしまうと、もうそれが神秘だという人はいないでしょう。それと同じだと思いますね。精神現象だって、何も特別なことはない」

＜中略＞

③――**だけど、精神現象というのは、物質的基盤を持つといえるんでしょうかね。あれは一種の幻のようなものじゃないですか。精神現象というのは重さもない、形もない、物質としての実体がないんだから、物質レベルで説明をつける意義があまりないと思いますが。**

　「その幻って何ですか。そういう訳のわからないものを持ち出されると、ぼくは理解できなくなっちゃう。いま精神現象には重さも、形もない、物質としての実体がないとおっしゃいましたが、こういう性状を持たないもの、例えば電気とか磁気も現代物理学の対象になってるわけです。ぼくは脳の中で起こっている現象を自然科学の方法論で研究することによって、人間の行動や精神活動を説明するのに有効な法則を導き出すことができると確信しています。そのあかつきには、いま立花さんが幻だと思っておられることも『なるほど』と思われるようになるでしょう。要は、

人間がもろもろの対象を理解するのに、過去においてこれだけすばらしい効果を挙げてきた自然科学の方法を、人間の精神活動を司っている脳にあてはめないという手はないし、実際そうすれば、立花さんが今考えておられるよりも、もっともっといろいろな事がわかるだろうということです。そこまでいかないレベルで説明をつけようというのは非科学的でナンセンスだと思いますね」

〈中略〉

④——しかし、精神現象を何でも脳内の物質現象に還元してしまったら、精神世界の豊かさを殺してしまった理解になってしまうんじゃないですか。生きた人間を研究する代わりに、死体を研究するだけで、自分は人間を研究してるんだと語るようなことになりませんか。

「いえいえ、死体を研究することによって、生きた人間についてずいぶんいろいろなことがわかるのです。それに、我々は実験動物を使うことによって、例えば脳の一部を生かしたままで培養することだってできるし、また、生きたままの動物や人間だって、すでにある程度研究することはできるし、またテクノロジーが進めばますますそういうことが可能になると思います。要するに、ぼくのいおうとしていることの一例としてですが、例えば教育学という学問分野がありますね。どうやって子供を教育すればいいか、いろんな学説の体系がある。だけどそれがちゃんとした原理からの発想にもとづいた学説かといったらそうじゃない。例えば、人間の知能はどう発達していくのか、性格はどう形成されるのか、そういうことがきちんと原理からわかった上で、だからこうすればいいんだという処方が下されているのかというと、そうじゃな

い。現象的な経験知の集大成にすぎないんですね。当然こういう
処方には限界があるわけです」

⑤——まあ、人文科学というのは、だいたいが現象そのものに興
味を持ってるんであって、必ずしも、その原理的探究に関心があ
るわけじゃないですからね。

「ぼくはね、いずれああいう学問はみんな、結局は脳の研究に
向うと思います。逆にいうと、脳の生物学が進んで認識、思考、
記憶、行動、性格形成等の原理が科学的にわかってくれば、ああ
いう学問の内容は大いに変ると思います。それがどうなっている
かよくわからないから、現象を現象のまま扱う学問が発達してき
たんです」

⑥——すると、二十一世紀には、人文科学が解体して、ブレイン・
サイエンスの下に統合されてしまうということになりますか。

「統合されるかどうかは別にして、大きな影響があると思いま
す」

⑦——文学とか、哲学といったものはどうなると思いますか。

「哲学に関していえば、すでに現代の生物学の成果がこの学問
分野に与えた影響は、かなりのものではないでしょうか。ブレイ
ン・サイエンスの成果は哲学が扱う世界観・人間観にさらに大き
な影響を与えると思います。文学についていえば、すぐれた詩が
人間を感動させるとき、人間の脳の中で、それに対応する物質現
象が起きている。それが解明されれば、どうすれば人間を感動さ
せられるかがもっとよくわかる。どういう詩、どういうストーリー

がなぜより人を感動させるのかといったこともわかってくる」

⑧——精神現象も含めて、あらゆる生命現象が根本的には物質的基盤の上に立っている、そして物質的生命現象というのは基本的にはDNAに記された設計図通り動いていくのだということになると、精神現象も決定論的現象だということになりますか。一般には、物質世界は物質的に決定された世界だけど、生命世界は常に目の前に自由な選択がある決定されざる世界だと考えられていますけど、それは誤りだということになりますか。

　「先程もいったように、個々の人間の性格や知能、これらを基盤にした行動の大きなわくはその人が持って生まれた遺伝子群でかなり決まっているのではないでしょうか。ただし偶然性が働く余地は残っており、それぞれが遭遇する環境が、その範囲内で影響を与えることはできるのではないでしょうか」

⑨——生命現象を物質に還元していく極端な立場として、本当に生きているといえるのはDNAなんであって、人間とか動物とか、生きている生命の主体と考えられているものは、実はDNAがそのとき身を仮託しているものというか、身にまとっている衣みたいなものだという考え方がありますね。

　「ぼくもね、基本的にはそういうことだろうと思ってますよ。地球の歴史の上で、あるとき物質が化学進化を起こして、DNAというものができた。それがずっと自己複製しながら、進化をつづけてここまでやってきた。それが我々ですよ。みんなDNAと自分の自我をわけて考えているから、そういうことをいわれるとギョッとするけれど、我々の自我というものが、実はDNAのマ

ニフェステーション（自己表現）にすぎないんだと考えることもできるわけです」

⑩──そこまで極端に物質に還元してしまうと、自己というものがなくなってしまうんじゃありませんか。

　「いや、あのね、もう一つ極端なことをいうと、ぼくは唯心論者なんです」

⑪──唯物論のまちがいじゃないんですか。

　「いや、唯物論的だけど唯心論なの。つまりね、我々がこの世界をこういうものと認識していますね。これがコップでこれがヒトだと。こういう認識は何かというと、結局、ぼくらのブレインの認識原理がそうなっているから、そういう認識が成立しているということですよね。もし、我々のブレインと全く異なる認識原理を持つブレインがあったとしたら、それがこの世界をどう認識するか全くわからないですよね。だから、この世がここにかくあるのは、我々のブレインがそれをそういうものとして認識しているからだということになる。同じ人間というスピーシズ（種）に属する個体同士で、同じ認識メカニズムのブレインを持ち、それによって同じコンセプトを持ち合っているから、世界はこういうものだと同意しあっているだけだということでしょう。つまり、人間のブレインがあるから世界はここにある。そういう意味で唯心論なんです」

⑫──そうするとね、そういう認識主体としてのブレインが一切なくなってしまった世界というのはどうなるんですか。それは存

在してるんですか。存在してないんですか。

「うーん、それはね、ぼくらのブレインの理解能力をこえているから、わからないというほかないだろうね。サイエンティストというのは、本質的に理解能力をこえたものや、実現の可能性がないと直感的に判断したことは、避けて通るクセがあるのです」

⑬――そうすると、いわゆる超越的なものには、ぜんぜん関心がない。

「関心はありますが、非常に強い疑心を持って対処します。神のようなものが存在するとは思っていない＜略＞」

［立花隆・利根川進『精神と物質』（文藝春秋）より抜粋≪出題の都合により一部改変≫］

問1. 本文中の回答者（利根川進氏）の考えを200字以内で要約しなさい。

問2. 本文で述べられている利根川進氏の生命観に対する感想を述べた上で、あなた自身は生命をどのようにとらえているか600字以内で述べなさい。

［獨協医科大学］

＊①～⑬は、実際の試験問題には付されていない。

利根川進氏は、1987年にノーベル医学・生理学賞を日本人として初めて受賞した、免疫学・分子生物学を主な専門とする生物学者。現在は、脳神経科学に研究を広げ、多彩な活動をしている日本を代表する科学者。ちなみに、2012年にノーベルを受賞した山中伸弥

教授は、医学・生理学賞では、利根川教授に次いで 2 人目である。

　また、インタビュアーの立花隆氏は、文芸から政治、自然科学までを幅広くカバーするジャーナリスト・ノンフィクション作家で、「知の巨人」などとも言われる知識人である。

　なお、出典の『精神と物質』という著書は、副題が、「分子生物学はどこまで生命の謎を解けるか」であり、インタビュー抜粋部分のテーマに重なっている。

■ 利根川進氏の考えを要約する（問 1）

　さて、問題の検討に移る。本文の意見要約から考えていこう。

　この問題は、インタビュー形式の会話調の文章である。テーマは一つながら、質問と回答には飛躍があり、要約は一筋縄ではいかない。では、こうした場合は、どうすればよいだろうか。

　一つの方法として、インタビュー全体の構成を、論文として再構成してみるやり方がある。もちろん、再構成と言っても、論文をそっくりつくり直すことではない。ここでの作業は、要約をしながら再構成をする、あるいは、再構成をしつつ要約をつくる、ということに過ぎないので、それほど難しく考えることはない。

　文章を再構成する場合は、その文章を、(1) 問い（テーマ）と、(2) 答え（意見）、(3) サポート・説明、の各部分に分けたうえで、それぞれを組み立て直せばよい。

　もちろん、今回の再構成は、要約をつくるための再構成だから、中心的なテーマに密接な部分を、制限字数内で取捨選択すればよい。では、段落に沿って進めてみよう。簡単に、質問ごとに部分を抜粋してみる。

① 生物は無生物からできたものである以上、物理学と化学の方法論で解明可能である。生物は非常に複雑な機械に過ぎない。

② 精神現象もすべて物質レベルで説明がつけられる。

③ 精神現象は、物質的基盤を持つ。脳の中で起こっている現象を自然科学の方法論で研究することによって、人間の行動や精神活動を説明するのに有効な法則を導き出すことができる。

④ 精神現象を脳内の物質現象に還元しても得るものは大きい。たとえば教育学という学問分野。

⑤ 人文科学などの学問も、結局は脳の研究に向かう。

⑥ 人文科学も脳科学のもとに再編される。

⑦ 文学や哲学も例外ではない。

⑧ 精神現象は決定論的現象であり、生命世界には、範囲の決められた自由な選択があるに過ぎない。

⑨ 極端に物質に還元してしまっても、自己というものはなくならない。

⑩ それは唯物論であり唯心論である。われわれの認識は、脳の認識原理によって成立している。

⑪ 認識主体としての脳がなくなってしまった世界存在／非存在の証明は、脳の理解能力を超えているので考える意味がない。

⑫ 超越的なものには、関心があるが、非常に強い疑心を持って対処する。神のようなものが存在するとは思わない。

　以上の抜粋を踏まえ、それぞれの要素間の論理的関係（問い、答え、論証）を意識し、200字という少ない字数で組み立てなおしたのが、以下の解答案である。

> ### 問 1 の解答案：
>
> 　生物は無生物からできたものである以上、物理学と化学の方法論で解明可能である。生物は非常に複雑な機械に過ぎず、生命現象は遺伝子という物質によって決められている。したがって、生命現象の一つである精神現象も、物理化学的な方法によって、つまり、脳内現象を自然科学的に研究することで、解明することができる。そして、教育学や文学、哲学といった人文学ですら、脳の自然科学的研究によって大きく変わっていくだろう。(198 字)

利根川氏の生命観とあなた自身の生命観（問 2）

　ここからは、問 2 の意見構築の問題を考えてみる。意見構築は、かならず課題文の筆者の意見や趣旨を踏まえて、それに対して（対抗してでもよい）書かれるべきであるが、それよりもまず、設問の指定には絶対に従うことが重要である。試験問題である限り、指定に従わない解答は、０点である。

　「利根川進氏の生命観に対する感想を述べた上で、あなた自身は…600 字以内で述べる」ことが、問題の指定である。本文の趣旨、感想、問いかけ、意見、根拠説明、という流れで書くとよいだろう。600 字という短い字数制限にも注意しよう。かなりの慣れが必要な字数である。

■ 問2の解答案：

　利根川氏の生命観は、生命や精神の実体性を否定する唯物論的な考え方である。生命現象すべてを自然科学の対象と考える姿勢は、生命すべてを自然科学的コントロールのもとに置く傲慢な姿勢にもつながる懸念がある。

　私は、利根川氏の生命観に対して、論理的にも欠陥があると考える。なぜなら、将来、テクノロジーの発達がさらに進み、生命現象の多くが科学的に理解可能になったとしても、科学的な方法論によっては理解不可能な「自己意識」という領域が残るからである。

　自己意識は、たしかに脳内の生理現象に随伴して起こるものではある。脳が機能を停止すれば、自己意識はなくなる。しかし、それは、他人が直接経験して把握できるものではない。私の脳内を他者が調べる場合、その他者は、その人自身の意識を通じて、私の脳の外的現象を見たりさわったりできるのみである。その時、自己意識は、私の意識の中に閉じ込められたままでありつづける。

　よって、こういった生命現象に付随する自己意識の問題は、自然科学的な方法によっては把握することができず、自己観察や推論による記述的な方法によって説明するしかない。生命には、こういった神秘的であるがゆえに科学以外のアプローチによる説明を求める、不可思議な領域がある。生命に対する見方は、科学万能主義的な姿勢を排することで、より深くなると考えられる。

(改行後の空欄を除き 568 字)

3　英語教育は実用か教養か

問題　文章を読んで、以下の問に答えなさい。

― かつて "英語教育は実用主義か教養主義か" という大論争がありました。近年は学校で "コミュニケーション重視" の教育が進む一方、以前からの文法・読解を重視する立場からは見直し論が出ています。なぜ、英語教育のあり方は常に論争になるのでしょう。

「大論争とは平泉・渡部論争ですね。元外交官で参院議員の平泉渉さんが 1974 年に試案を出し実用のための英語を教えるべきだと訴え、大変話題になりました。敢然と立ち向かったのが渡部昇一・上智大教授で、彼は『教養のための英語で何が悪い』と言い切りました」

「結論は出ませんでしたが、論争はいまも脈々と続いています。私流に言えば『使える英語』か、『使えない英語』かです。バブル崩壊後、自社の英語研修や社費留学にお金をかけられなくなった経済界から英語教育へのプレッシャーが高まりました。読み書きばかりで話せないのは困る、大学卒業までに使える英語を身につけさせるべきだという圧力です。英語教育は大きく変わりました。学習指導要領は 90 年代にコミュニケーション重視に踏み切りました。実利の要求と英語教育の議論、文部科学省の政策はリンクしています」

「いまは文法・訳読を重視する人たちから、振り子を戻せとい

う主張が出ているほどです。コミュニケーション重視というが、効果が出ていない。それどころか基礎学力そのものが低下しているというのが彼らの懸念です」

— ですが、多くの人はいまも"学校英語イコール文法・訳読"だと思っているようです。

「疑問なのは、どうして英語教育の現状が一般の人に認知されないのかということです。自分の子どもが通う学校の英語教育を知らないのでしょうか、教科書を見ないのでしょうか、不思議でなりません。政府の審議会でも、経済界の偉い人たちが『学校英語はだめですなあ』『読み書きばっかりやって、会話が出来なければしょうがない』とおっしゃる。私が『この10年20年、様変わりしました。いまは会話中心になっていることが問題で、読み書きは出来るというのは昔話です』と言うと、不愉快そうな顔をされてしまいます」

— なぜ実態が知られないのでしょう。

「なぜでしょうね。40代以上の人たちは中学高校時代にさんざん読み書き文法をやらされたという記憶が強く残っているんですね。なのに英語が話せない。いまの企業は厳しいですよ。話せないとだめだ、みたいな。じゃあ、あの英語の授業は何だったんだ、と。それが怨念になっているようです」

— 怨念、ですか。

「ちゃんと学校で英会話を教えてくれたら自分だって出来たはずだ。話せないのは学校英語のせいだ、というわけです。ニュー

ヨークに出張して思い切って英語でしゃべったのに、『は？』という顔をされた。だめだ、通じないじゃないか。これは日本の学校英語に責任がある……。その悔しさが子どもの世代に向かうんです。『おまえはちゃんとやれよ』『読み書きなんかいいんだ、しゃべれないとだめだ』。でも私に言わせれば、これまで企業人が外国に放り出されて何とか英語でやってこられたのは、読み書きの基礎力があったからなんです」

― **コミュニケーション重視か文法・訳読重視か。鳥飼（注）さんはどちらの立場ですか。**

「どちらも正しいんです。『コミュニケーションが大事』というのも、『読み書きを重視しないとだめ』というのもその通りです。ですが、いまの子どもたちはどちらも出来なくなっている。もう論争はやめて、両方出来るような、しかも日本人の特性に合った、最大限の効果を出すような教育方法をみなさんで考えませんか、と言いたいですね。ある程度の基礎力を身につけたら、学校教育としては使命を果たしたと思っていいのでは。あとは本人の努力です」

― **グローバル化と言われる時代、我々が学ぶべき英語はどういうものでしょう。英語に対するパラダイムシフト（考え方の大転換）が必要だと主張していますね。**

「みなさん、『世界はグローバル化した、グローバル化時代は英語が国際語だ』とおっしゃいますが、本当にその意味を理解していらっしゃるのでしょうか。英語はもはや米英人など母語話者だけの言葉ではありません。彼らは 4 億人程度ですが、インドやシ

ンガポールのように英語が公用語の国の人たちと英語を外国語として使う国の人たちを合わせると十数億人。みなさんが英語を使う相手は後者の確率がはるかに高い。英語は米英人の基準に合わせる必要はない時代に入りました。私がパラダイムシフトと呼ぶのはそういう意味です」

— どういうことですか。

　「例えばノーベル賞は英語では the Nobel Prize ですが、日本人はじめ英語が母語でない人たちは the を忘れがちです。母語話者は『the がないと違和感がある』と言う。それは彼らの勝手で、それ以外の人はなくても気にしません。意味が通じるなら、それでいいじゃないですか。これが国際共通語としての英語です」

— それでは英語が英語でなくなりませんか。

　「たしかに世界中の人が好き勝手に使っていいとなると、共通語として機能しなくなってしまう。発音でも文法でも、どこを守ったら英語といえるのか。そのコア（核）を探す研究がヨーロッパを中心に取り組まれています。コアを特定できたら、そこを重点的に教えればいい。発音だって米英人をまるでモデルのようにしてまねをする必要はなくなります」

— r と l の違いもたいした問題ではなくなりますか？

　「全く問題ないです。様々な国の、英語が母語ではないいろいろな人に聞かせて、理解できるかどうか調べると、r と l の違いなんて文脈でわかるんですよ」

— ライス（rice）を頼んだつもりでもシラミ（lice）と受け取ら

れる、だからちゃんと練習しろと教わりました。

　「でもレストランでシラミを注文する人はいないですね。the だって『ザ』でわかる。そのかわり日本人はもう少し丁寧に子音の連結や強弱のリズムをマスターしたほうが理解されやすくなるでしょう。大事なのは米英人のような発音やイディオムではなく、わかりやすさです。文法も、共通語として機能するための基本を教え、使う時には細かいことを気にせず使えばいいのです」

— **ここまでは英語だけれど、ここから先は英語じゃないという判断は、米英人がするのですか。**

　「いいえ。ヨーロッパで行われているのは、母語話者ではない様々な国の人たちの多様な英語を集めて、わかるかわからないかを調べる研究です。誰に聞かせてもわからないという結論が出ると、これは問題。ここはちゃんと教えましょう、というわけです」

　「英語か英語でないかを母語話者が選ぶなんて、そんな時代は過ぎました。自分たちをスタンダードにしろなんて言ったら、それは少数派の身勝手です。英語は、申し訳ないけれど米英人たちの固有財産ではなくなったんです。彼らにとっては変な英語がまかり通って不快でしょう。けれど、私たちだって苦労して勉強しているんです。彼らにも歩み寄ってもらわなければ。共通語なんですから」

— **英語学習者には米英で使われている英語、" 生きた英語 " を学びたい人も少なくありません。**

　「私もアメリカにあこがれて英語を学びました。ですからその気持ちはよくわかります。教師としてもアメリカではこういう言

い方をする、こういう面白い表現があると教えたくなるんですよ。でもあえて教えません。だって、アメリカ人しかわからないものを学んでどうするんですか。そんな言葉は国際共通語じゃない。余力のある人、米英の文化や言語を専門にする人が学べばいい。少なくとも義務教育、公教育で教える英語は国際共通語に絞るべきです」

— 国際共通語としての英語と地域語としてのアメリカ語やイギリス語を分けてとらえよ、と。

「そうです。英語が国際共通語として定着したいま、ほかの言語と同列に扱うことはできません」

— 国際共通語としての英語は英語から固有の文化を切り離して考えるということですか。外国語を学ぶには、その言語が話されている国の文化を学ぶ必要があると言われます。

「英語には米英の文化や生活、歴史が埋め込まれています。これを全部切り離すことは現実には無理です。そこが一番苦しいところですが、教える側の意識の問題だと考えています。少なくともコミュニケーションのための英語というのなら、無自覚に米英の文化を教えようとしないほうがいい。これは相当批判を浴びるでしょうね。でも、これしか『英語支配』を乗り越えるすべはありません」

「国際共通語としての英語に、もう一つ重要な要素があります。それは自分らしさを出したり、自分の文化を引きずったりしてもいい、ということです。『アメリカ人はそうは言わない』と言われたら『アメリカでは言わないでしょうが、日本では言うんです

よ』。それでいいんです」

― それはすごい。

　「お互いに英語が外国語で、下手な英語を話す人同士が『本当はあなたの母語が話せたらいいんだけど、ごめんなさいね』『いやいや私こそ、日本語を話せないのでごめんなさい。しょうがないから英語で話しましょう』というわけですから。日本人は日本人らしい英語を話し、相手は例えば中国人なら中国人らしい英語を話し、でも基本は守っているから英語として通じる、コミュニケーションが出来る。これが、あるべき国際共通語としての英語です」

　（注）鳥飼玖美子・立教大学教授（1946 年生まれ。同時通訳者をへて現職）

　　　　［朝日新聞／ 2010 年 10 月 20 日　鳥飼玖美子「オピニオン　インタビュー　これからの英語」より抜粋≪出題の都合により一部改変≫］

問 1. 本文を 200 字以内で要約しなさい。

問 2. 本文で書かれた英語教育における“実用”と“教養”をキーワードに、あなた自身が受けたこれまでの教育を総評し、医師を目指すあなたが今後受けてみたい教育について 600 字以内で述べなさい。

問 3. これからの英語教育は、どのようにあるべきと考えますか。課題文を参考にしつつ、あなたの意見を述べなさい。

［獨協医科大学・一部改題］

新聞のインタビュー記事からの出題。英語教育という大きなテーマに包摂されるものの、インタビュアーの質問は、「英語教育は実用重視か教養重視か」というテーマから、「英語教育で教えるべき内容」というテーマへと、大きく二つのテーマに分けられている。

　このように、新聞記事の課題文は、テーマがいくつかに分けられている場合が多い。しかも、それらのテーマは、必ずしも論理的に秩序立てて整理されているとは限らないから、堅苦しい論説文・評論文を読むときよりも、いっそう注意して読んでいく必要がある。

■ 問1の要約解答案：

　かつて「英語教育は実用か教養か」という大論争があった。近年の教育は実用に傾いているが、文法・読解を重視する立場からの見直し論もある。しかし、コミュニケーションと読み書きはどちらも大切だ。グローバル化が進む現代の英語教育において教えるべきなのは、流暢さや米英文化ではなく、膨大な非英米人を含む、英語を公用語とする人たちとのコミュニケーションにおいて最低限通じるレベルの「国際共通語としての英語」である。
（200字ちょうど）

　インタビュアーの質問を手がかりにすると、テーマがいくつあり、何を論じているのかが整理できる。前半は、日本の英語教育論争を振り返り、英語教育は、「コミュニケーション（会話、あるいは実用）重視」がよいのか、それとも「文法・読み書き（あるいは教養）重視か」というテーマを論じる。後半は、グローバル化が進む日本において、学ぶべき（あるいは教えるべき）英語の中身を具体的に論じている。

前半と後半の論理的つながりは明瞭でなく、会話のやり取りでの飛躍も見られるので、この要約作成の問題は、かなり難しい部類に入るだろう。200 字という字数制限も、少なすぎると思う。しかし、二つのテーマがあることを把握できて、それぞれのテーマについての意見が要約できていれば、言葉の取捨選択において、多少の遺漏があっても及第点は取れる。字数を少なくするのに苦労するだろうから、制限時間に気をつけよう。（出題大学の場合、問 2 と合わせて 90 分だから、問 1 の要約には、約 30 分の解答時間を想定すればよい）。

■ 問 2 の「受けてみたい教育」解答案：

　私は、いわゆるゆとり教育への反省から、先輩たちが受けた教育よりも、少しだけ学習内容が増えた世代である。だが、「実用か教養か」というキーワードに即して考えれば、明らかに「実用」を重視した教育を受けてきた。その意味で、先生も生徒たちも、社会に出て実際に役立つことを重んじる雰囲気を共有していたと思う。

　では、上記の総評を基にして、私が受けてみたい教育について述べてみたい。まず、医師の仕事は、実用度が問われる。つまり、医師になることは、「社会に役立つ」仕事に就くということを意味する。医師は、患者のため、ひいては社会のために、いかに奉仕できるかという観点から評価される職業である。したがって、教養を重視し、基礎的なことを広く学ぶよりも、治療に役立つ、実用的で専門的なことを学ぶことが、医師の目的達成の近道となるとも言えそうである。

　しかし、私は、課題文の筆者と同じように、実用も教養も、共

に目指すべき価値であると考える。医師がどれほど実用的な職業であると言っても、専門的な知識だけで診療はできない。まして や、医学の研究では、他分野の知識が、新しい発見につながることが多く見られる。長期的に見れば、幅広い教養は、医学という実用のために役立つ、と考えるべきである。ゆえに、私は、実用的な専門教育だけでなく、基礎的な数学や物理学、哲学や文学などの人文学など、幅広い教育も受けてみたいと考えている。
（空欄除き 594 文字）

　課題文では、「実用⇒コミュニケーション⇒英会話」／「教養⇒文法⇒読み書き⇒訳読」のキーワード群は、それぞれのグループ内で、定義されることなく言い換えられている。厳密な論文スタイルの文章であれば、それぞれのキーワードは、明確に定義し区別しなければならないが、新聞記事などでは、このような曖昧な言い換えがよく見られる。言い換えに気づくことも重要だが、自分の意見文を書くときには、それぞれの言葉の示す内実が、じつは異なっているということにも十分な注意を払う必要がある。

　課題文のテーマは、英語教育であり、問2で書くべきテーマは、「医師を目指すあなたが受けたい教育」である。「あなた」はすべて受験生であるから、主に、医学部で受けたい教育を述べることを求められている（もちろん、社会人になってからの教育も含めて考えてもよいが、その場合でも、大学・大学院等で学ぶことができる高等教育を想定する以外はないだろう）。

　したがって、大学で受けることになる「医学の専門教育」の他に、何を学びたいか、を述べることが重要である。医学部に入れば、医学の専門教育を受けるのが当然であるから、「教養」あるいは、「教

養」のカテゴリーに属するキーワードについて、何事かを述べておく必要がある。

問3

　せっかく英語教育についての課題文を読んだので、英語教育のあり方について考えてみることにしよう。以下は、大学が出題した問題ではなく、自作のオリジナル問題である。過去問ではないが、このような「誰にも関係しうる」中長期的な社会問題は、小論文の格好のテーマとして、しばしば出題者が好んで取り上げている。「試験に出るから勉強しよう」というのも、実利・実用を偏重する姿勢のように見えて嫌味な感じもするが、「出るのに勉強しない」というのは全くのナンセンスである。ぜひトライしてほしい。

問3「英語教育のあり方」解答案：

　課題文の筆者は、英語における実用と教養、コミュニケーションと読み書きは、どちらも大切だとし、両方できるような教育方法を考えるべきと述べている。たしかに、筆者の述べていることはもっともだが、英語教育のあるべき姿は、英語教育の対象者の年齢や学習目的によって異なるように思われる。

　では、そもそもの英語教育の目的とは何であろうか。現在と過去のほとんどの日本人が受けたはずの「中学・高校」の英語教育に限って考えてみても、対象者は、将来英語を使って仕事をする人から、全く英語を使う必要がない人まで様々である。したがって、「使える英語・コミュニケーションのための英語」という目的だけに絞った目標設定は現実的ではない。また、現在の大学進学率は、全国平均で約50％であり、研究や知的職業に必要な基礎

トレーニングとしての英語、という目的設定もやはり合理性がない。

　一般的に、外国語学習には母語への気づきを高めるという効果がある。将来、英語を話し言葉としても書き言葉としてもほとんど使用する機会のない人も多くいる中で、核とすべき英語教育の目的は、構造の著しく異なる言語である英語を学習させることによって、母語である日本語への反省を促し、生徒の意識的かつ論理的な日本語使用を可能にさせることと言えるではないだろうか。

　グローバル化と多様化の時代背景を考えれば、たしかに、「会話ができるようになること」や「グローバル・リーダーの養成」といったことも重要であろう。しかし、それでも文法や日本語訳といった基礎的な読解の指導はしっかりと行う必要があるだろう。もちろん、英語嫌いを出さないように指導を洗練させることは必要だが、英語の基礎教育は母国語教育であるという考え方を前提にすれば、言語構造の違いの理解が必要になり、その理解のためには、文法と訳読を中心とする基礎的なトレーニングが必須となると考えられる。(改行除き 785 字)

■ 解説と補足

　「英語教育について特集を組もうと考えたジャーナリストがいたが、さまざまな本を読み、多くの専門家や関係者に会って熱心に取材するうちに迷路に入り込んだようになったらしく、英語教育の問題を門外漢が理解するのは非常に難しい、と断念してしまった。」

　これは、課題文の筆者である鳥飼玖美子氏による『英語教育論争

から考える』（みすず書房）からの引用である。鳥飼氏は、これについて「同情を禁じ得ない」とし、「現在の日本における英語教育は、小学校から中学、高校、大学、入試、教員養成と問題が山積しており、どれから手をつけてよいかわからないほどである」と述べている。

　そもそも、「教育の問題」は、誰もが自ら経験する問題であるとともに、大人になってからも（親になってからも）、ずっと関わり続ける課題でもある。だから、実際の教育現場がどうなっているかを知らずに、教育について「ああすべき、こうすべき」という議論をする人も多いのには、原因がある。みな、自分が受けてきた教育に、不満を持っているのである。

　「中・高・大と 10 年間も英語を勉強させられたのに少しもしゃべれるようにならないのは、文法ばかり教える学校英語が悪いのだ」とか、「学校ではもっと“生きた英語”を教えるべき」とか、そのような意見は、先般の「共通テストへの民間試験導入」をめぐる議論においてもよく見かけた。こういった「にわか評論家」だけでなく、経済界や政府も同じような見解を持っている人が少なからずいることは間違いがないようだ。以下、先の鳥飼氏の同書第 5 章からのやや長い引用になるが、読んでほしい。

　「政府や自民党の英語教育政策提言に大きな影響を与えたとされる経済同友会の 2013 年提言では、『日本の教育現場では、長い期間かけて教えているにもかかわらず、実用的な英語力向上に結び付いていない』…その理由として、『保護者や子供たちの関心は、より良い就職、そのためのより良い教育として考えられている大学への進学であり、大学入試を突破するための文法や訳読を中心とした受験英語に重点を置いてしまう』ことを挙げ、大学入試に TOEFL を導入することを主張している。…「文法や訳読を中心とする受験

英語」のせいで、「実用的な英語力向上」が実現していない、という見方は、その論理の是非はともかく、多くの人の思いを代弁しているといえよう。」(『英語教育論争から考える』p.155-156)

　この講義を読んでいる多くは受験生だろうから、現状の英語教育を受けており、実態がわかっている。昔の教育との比較の視点は持ってないかもしれないが、昔と比べて、入試の英語も、コミュニケーション英語重視は明らかである。読解に関していえば、(難しい短文ではなく)長文傾向、易化傾向、現代アメリカ英語重視の傾向がある。こういった「政治・経済社会の要請」と、みなさんの個人の実感を共に相対化し、英語教育の目的にさかのぼって考えてみることが大切である。

　また、「受験」をして世界のエリートとして過ごす人生がすべてではない。ごく普通の仕事に就いて、英語を話す人がほとんどいないような田舎で一生を過ごす人の生き方も尊重できる姿勢も大切だ。

　こういった生き方も認めるべきと考えるならば、「英語は使わないけれど英語を勉強しなければならない」人が、英語の勉強を、(積極的にではないにしろ)受け入れてくれるような目的や趣旨を、しっかりと検討しておく必要があるだろう。

第３章：説明と論証

1 説明と論証の重要性

■ 「カタチ」と「ネタ」だけではダメなのか

　入学試験の小論文を書くためには、まず「書き方」に習熟する必要がある。また、文章に盛り込むべき「知識」も必要だ。さもなければ、説得力のある文章は書けないだろう。

　「書き方」を「カタチ」、「知識」を「ネタ」と言い換えるなら、小論文に、カタチの習熟とネタの獲得の、両方が必要なのは当然と言えるだろう。

　しかし、ただ、カタチに沿ってネタを盛り込んでも、それだけで自動的に「作文」が「小論文」になるわけではない。

　非常に多くの受験生が、「パターン（カタチ）さえ身につけてしまえば、あとは楽勝だ」と考えていたり、「新聞（等）で知識を増やせば、優れた小論文が書けるようになる」と信じていたりする。

　しかし、そのどちらも間違いだ。「書き方」だけでもダメ、「知識」だけでもダメなのである。

　本書の序章で確認したように、そもそも、「論文」とは、何らかのテーマについての「問い」に対して、説明（理由）付きで「答え」を与えた文章のことを言う。

　「論文」の内部構造は、ある「テーマ」に関しての「問い」と「答え」、それから、その「説明（論証）」の連鎖で出来あがっている。「小論文」は、小さな論文という意味に過ぎず、少ない字数ながら、論文と同じ問いの連鎖の構造を持っていなければならない。

　論文・小論文とは、「問い」と、「答え」と、その「説明」とが、わかりやすい順序（カタチ）にそって、整然と並べられている文章のことを言う。そこでは、正しい知識（ネタ）が、適切な形で用いられていなければならない。

■ 「小論文」と「単なる作文」のちがい

　「論文」あるいは「小論文」とは、「作文」の一形態ではあるが、「たんなる作文」ではない。序章で説明した論文の条件を再確認しておこう。

【作文が論文になるために必要な要素】
(1) 問題意識　≪問い≫
(2) 自分の意見・主張　≪答え≫
(3) 答えが正しいことの厳密な説明　≪説明・論証≫

　これらの中でも、とりわけ重要なのが、「説明」の部分、厳密にいうと「論証」：argument だ。自分の意見があっても、それが、どうしてそのように言えるのか（根拠・理由）が示されていなければ（つまり論証がなければ）論文にはらない。

■ 「論証」における重要なポイント

　説明・論証は、「確かな前提」に基づいている必要がある。「確かな前提」とは、根拠・理由・説明のよりどころとなる事実や知識のことだ。

不確実な知識や、嘘の事実に基づいて出た結論は、その結論の意味が結果的に正しいことを言い当てていたとしても、それは偶然であり説得力はなくなってしまう。

　また、論証は「確かな前提」に基づいているだけでなく、正しい道筋により結論が導かれなければならない。

　ある前提から、正しい道筋によって結論を導くことを「推論」と言う（なお、誤った推論を「誤謬」あるいは「誤謬推理」と言う）。たとえば、「A が殺人犯だ」という意見が、結果として正しかったとしても（つまり A が真犯人だとしても）、「なぜなら、A は殺人現場に立っていたからだ」とか、「A は自分で殺したと自白したからだ」と述べることは、誤った道筋による推論となる。

　A が本当に殺人現場に立っていたとして、「私が殺した」と自白をしたことが真実であったとしても、そこから「A が殺人犯である」という結論を導き出すのは誤りだ。真犯人が別にいるのに、たまたま殺人現場に居合わせて、追い詰められて、ついウソの自白をしてしまうことはありうるからだ。

　また、こちらはわかりやすい例だが、「ついさっき雨が降った」という意見を述べる理由として、「道路が濡れているからだ」という事実を挙げるのも、誤った推論（道筋が正しくない推論＝誤謬）である。誰かが水をまいただけかもしれないからだ。結果として、本当に雨が降ったのだとしても、この論証自体は、推論の仕方において誤りなのだ。

正しい論証とは

(1) 確かな前提に基づいている

　　加えて

(2) 正しい推論によって結論が導かれている

⇒ (1) (2) 両方の条件を満たす必要がある。

■ 「小論文」におけるもう一つの重要なこと

「作文」が「論文」になるための条件は、実は、もう一つあり、私は、それを論文の**「実質的条件」**と呼んでいる。

論文の**「実質的条件」**とは**「≪問い≫に対する≪答え≫は、反対意見に向けて提示されていなければならない」**というポイントだ。

たんなる作文ではなく、きちんとした論文であるとみなされるためには、自分の意見を、≪反対意見≫や≪対立する立場≫に向けて主張し論じるものでなければならない。

つまり、誰も批判しないような一般論を主張しても、論文としてはあまり意味がないということだ。そもそも、対立する意見や立場がない主張は、主張する意味がないし、だいいち、そんな論文は読んでもつまらない。

たとえば「地球（環境）は大切である」という主張は、「地球（環境）は大切ではない」とか「地球はいずれ太陽に飲み込まれるのだから環境問題なんか意味がない」といったような「反対の立場」が想定されてはじめて、議論する意味が出てくる。

反対の立場をきちんと批判、反証せずに、自分の意見として「地球は大切なのである」という結論を仰々しく述べたとしても、新種の讃美歌にはなっても、論文にはならないだろう。

論文の実質的条件

◎反対意見に向けて自分の主張を述べなければならない。

つまり、「反対論者」を説得するように議論するのが大切。

◎完全に同意見の人に向けられた文章は、論文としての実質的

な意味を持たない。

■ 小論文答案を批判的に検討する

では、ここで、実際の小論文試験の問題とその一般的な答案を批判的に検討することにより、「目指すべき答案」の水準（合格答案のレベル）を考えてみることにする。

以下に実例を示してみよう。これは、小論文の古い受験参考書に実際に書いてあった「模範解答」だ。以下の問題と解答案を読んで、まずは自身でどう思うか、あなたが採点官だったならば、どう評価するか、考えてみてほしい。

2 検討問題 情報化への賛否

【問題】:

・情報化社会についてあなたの意見を述べなさい。

■ 【答案】:

[1] 現在は情報化社会と言われる。これからますますコンピュータが人間生活のなかに入り込んでいくだろう。では、このような情報化社会は人間にとって好ましいのだろうか。

[2] たしかに、情報化には<u>メリット</u>は多い。現在では、人びとは通勤という無駄な時間を過ごし、単純作業を行い、くたくたに疲れて一日を過ごしている。夫婦の語らい、親子の語らいが軽視され、家族のコミュニケーションが十分に行われていない。情報機器が発達すると、人びとは郊外の自宅で仕事をして、家族とともに生活しながら、仕事ができるようになることが期待されている。これまでの仕事に追われた生活から解放されて、人間らしい生活ができるようになるというのだ。そうすることで非行やいじめを防げるとも言われている。しかし、そうした見方は少し表面的すぎはしないだろうか。

[3] 情報機器の発達とともに、人間は現実世界のなかに生きて、現実を改革するという意識を失ってしまったように思われる。まるで、すべてが疑似現実、仮想現実のような気がしている。まるでテレビの画面を見るように現実を見ているのだ。だが、人間は、現実とともに生き、現実を変革するという感覚によって、自分を作り上げていくものである。このように考えると、情報機器は人間から自分自身の力で解決するという意識、つまりは人間のアイデンティティーを奪って、現実感覚を失わせていると言えるのである。

[4] <u>私は、情報化社会は人間にとって好ましいものではないと考える</u>。情報化が行き過ぎないように、私たちは監視していく必要がある。

この「解答案」は、一見すると読みやすく、論文の体裁を成しているようにも見える。しかし、論文としては出来のよいものではない。なぜか。

■ どこが「ダメ」なのか①（論証に問題があり）

では、この「解答案」、いったいどこがダメなのだろうか。論文の要件として前の節でまとめたポイントから考えてみよう。

まず1つ目は、論証のやり方に関する欠陥だ。この文章には、「根拠らしきもの」は書かれてあるが、「説明」になっていない。論証が出来ていないのである。

たしかに、第3段落の最後の行を見ると、「情報機器は人間から自分自身の力で解決するという意識、つまりは人間のアイデンティティーを奪って、現実感覚を失わせている」と書かれてある。この部分は、第4段落冒頭の「私は、情報化社会は人間にとって好ましいものではないと考える」という≪主張≫の、「根拠」を提示している箇所として読むことは、いちおう可能だ。

しかし、この根拠らしき箇所が≪説明≫あるいは≪論証≫として意味を持つのは、2段落の「たしかに、情報化にはメリットが多い」と述べている箇所への反対根拠になる場合のみなのである。

つまり、第3段落は、2段落の「たしかに」から始まる一般論（情報化のメリット）に対しての反論になっていなければ、きちんと説明・論証を行ったことにはならないのだ。

この解答案では、「たしかに」で始まる段落で、情報化のメリットを述べ、次の「しかし」から始まる段落で、情報化の別のデメリットを述べているだけである。「情報化にはAというメリットがある

がBというデメリットもある」と述べているだけなのだ。

　たとえてみれば、「ある人物が全体として好ましくない」という意見を正当化するために、「こういういい点があるが」、しかし、「こういう悪い点もある」と言っているに過ぎない。論文として求められているのは、「それでなぜあなたの意見になるのですか」という問いかけに答えることである。

　実際にこの書き方だと、恐ろしいことに、**記述の順序を逆にしても、まったく同じように文章が成り立ってしまうのだ**。これは、まったく説明が成立していないことの証拠となる。

　以下の囲みの文章は、第2段落：［2］と第3段落：［3］をそのまま入れ替え、「メリットが多い」を「デメリットが多い」とし、結論を正反対に書き換えたものである。読んでみよう。

　たしかに、情報化には<u>デメリット</u>は多い。情報機器の発達とともに、人間は現実世界のなかに生きて、現実を改革するという意識を失ってしまったように思われる。まるで、すべてが疑似現実、仮想現実のような気がしている。まるでテレビの画面を見るように現実を見ているのだ。だが、人間は、現実とともに生き、現実を変革するという感覚によって、自分を作り上げていくものである。このように考えると、情報機器は人間から自分自身の力で解決するという意識、つまりは人間のアイデンティティーを奪って、現実感覚を失わせていると言えるのである。<u>しかし、そうした見方は少し表面的すぎはしないだろうか</u>。

　現在では、人びとは通勤という無駄な時間を過ごし、単純作業を行い、くたくたに疲れて一日を過ごしている。夫婦の語らい、親子の語らいが軽視され、家族のコミュニケーションが十分に行

われていない。情報機器が発達すると、人びとは郊外の自宅で仕事をして、家族とともに生活しながら、仕事ができるようになることが期待されている。これまでの仕事に追われた生活から解放されて、人間らしい生活ができるようになるというのだ。そうすることで非行やいじめを防げるとも言われている。

　したがって、私は、情報化社会は人間にとって好ましいと考える。……

　どうだろうか。譲歩の部分である［2］と逆接を受けた部分の［3］を反転させても、文章が成り立ってしまうのだ。例文に挙げられている「根拠」は、ただ並べただけで、論証になっていないのだ。

　では、一体どうすればよかったのだろうか。
　解答案の「結論（意見・答え）」である「情報化は好ましくない」の論証をするのであれば、一般論への譲歩として述べた「メリット」の部分（たしかにから始まる「人間らしい生活ができるようになる」という意見）に対し、「人間らしい生活ができるようになるとは限らない」と反証する必要がある。
　もしくは「デメリットがメリットを上回っている」ことを比較検討するか、あるいは「デメリットが致命的に悪い」ことを説明・証明することが必要だ。
　「たしかにAがある」と述べ、「しかしBもある」と述べただけでは、「AもあるがBもある」と言っているに過ぎず、論証をしたことにはならないのである。
　「たしかにAというメリットがある」と述べた意見に対しては、「しかしAというメリットよりBというデメリットがより害悪である」、

「しかし A というメリットには大きな害悪がある」と述べなければ説明にならない。

　「情報化には A と B がある」、ということを述べただけでは、「情報化が悪い」という意見の論証にはならない。「情報化には A というメリットと B というデメリットがあるが、A より B が大きいから情報化は悪だ」という比較や検証があってこそ、論文として説得力を持てるのである。

■ どこが「ダメ」なのか②（不確かな前提を使っている）

　すでに述べたように、説明・論証は、「確かな前提」に基づいて行われる必要がある。「確かな前提」とは、誰によっても正しく認められる「事実」や「事例」、あるいは、一般的に正しいと認められる知識、すなわち「学問的な原理原則」、「公理・公式・理論」、また、社会的・歴史的に広く承認された「常識」（コモンセンス）や、出典の明確な「権威ある情報」（報道など）などのことだ。

　こういうと難しそうに聞こえるかもしれないが、要は、皆が「それはそうだよ、当たり前だよ」と同意している確実な知識や、「たしかめれば本当にそうなっているね」と確認できるような端的な事実・事例のことだ。

　このような「確かな前提」が見つかりにくい場合は、少なくとも「自分自身の確かな経験的事実」（実際に経験した確実な経験）や、「複数の事例」を証拠とする必要がある。一つの根拠より、二つ以上の同じような根拠を提示することで、説得性はさらに高まる。

　一方、課題の例文には、結論の根拠とされる「情報機器は……現

実感覚を失わせている」（第３段落）という記述の中に確かな前提が見あたらない。

　第３段落最初の行の、「情報機器の発達とともに、人間は現実世界のなかに生きて、現実を改革するという意識を失ってしまった」という箇所が理由として挙げられているようにも読めるが、「情報機器が現実感覚を失わせている」と同じくらいに根拠薄弱だ。少なくとも筆者には、こういう経験はないし、多くの人にとって確実だとも言えない。

　いったい、情報機器の発達により現実感覚が失われた人は、どれくらいいるのだろうか。その意見を正しくサポートする事実、もしくは、権威ある説明や報道といったものが、どこかにあるだろうか。「解答案」の作成者の周りには、そういう人々（複数の実例）がいるのだろうか。

　これらの質問のいずれかに Yes であるならば、それは、論証の根拠として使うことができるだろう。しかし、解答案では、このような情報が一切提示されていない。テレビのワイドショーで聞かれるような、「もっともらしい」（しかし誤った）言説を前提にして議論を組み立ててしまっているのだ。

　もし、「情報機器が人間の現実感覚を失わせる」ということを根拠に使いたいならば、少なくとも、自分の実体験に基づいた事例（インターネットのヘビーユーザーである友人がひきこもりになっている、オンラインゲームのやりすぎで社会生活ができなくなっている、等々）を示す必要がある。

　情報機器が人間の認識や行動に与える影響については、社会学者や心理学者が専門的な研究を行っているはずだ。「情報機器が人間の現実感覚を失わせる」という事実は一般的には確かめられていな

いが、スマホ中毒やオンラインゲーム中毒の事例はいくつも報道されているから、そのような実際の事例を挙げればよい。

　思い込みや一般通念をそのまま根拠にしてはいけない。少なくとも報道や新聞記事などの「実例」を根拠に挙げるようにしよう。

■ どこが「ダメ」なのか③（一般論に終始する）

　ダメな点の３つ目は、「論文の実質的条件」に関わるものだ。解答案の主張は、「反対意見に向けられて」いないのである。

　では、主張はどこへ向けられているのか。答えは「同じような意見の持ち主へ」だ。「解答案」の作成者は、論文試験答案を採点する大学の先生を意識しすぎているか、無意識に世間や教師に媚びているか、どちらかだろう。媚びているとまではいかなくとも、常識的で善良な一般人の「同じ立場の人」を読者として想定しているのは確かだ。最初から最後まで一般論しか述べていないのである。

　自分と同じ立場の人に「たしかにその通りだね」と言ってもらえそうな言葉を連ねるだけで満足してしまっているように見える。

　最後の段落の最後の文、「情報化が行き過ぎないように、私たちは監視していく必要がある」は、論文の中では「蛇足」の意見にすぎないが、こういった当たり前すぎて小学校の学校優等生を連想させる主張を結論にもってきても意味がない。

　だれも批判・否定しないだろうという安全地帯に立って述べた意見は、実は意見ではなく、単なる同意なのだ。そして、単なる同意を述べた文章は、論文ではなく、単なる作文である。

　このように、カタチにネタを盛り込んだだけの文章は、実に締り

のない文章になってしまうことがわかっただろうか。「『カタチ』を
マスターすれば、どんな小論文でも論理的に書ける」というわけで
はないのである。

　もちろん、中学入試、あるいは高校入試の「作文」試験の解答で
あれば、合格点がつけられるかもしれない。しかし、大学入試の「小
論文試験」の答案としては合格点をつけられない。

　難関大学入試の小論文試験には、「作文」ではなく「論文」が（少
なくとも建前上であっても）求められていると考えるならば、その
答案は、論文の要件を満たしていなければならない。

3　小論文の「型」について

　第1章では、「カタチ」だけでは論文は書けない、と述べたが、
もちろんカタチが重要でないということでは決してない。内容を盛
り込むための論文の型（カタチ）は、むしろ重要である。

　「たしかに、〜だが…」のような譲歩ー逆接の論理構造を「小論
文のカタチ」などとして説明するものがある。ここでは、それらと
区別するために、小論文の「型」という言い方を採用する。

　さて、文章は、どんなものでも、文と段落から成り立っている。
文章の「型」とは、結局、段落の構成方法ということになる。

　学校では、「起・承・転・結」の4つのパーツを意識しなさい、
という作文教育を受けた人が多いかもしれないが、大学入試レベル
の小論文試験では、「序論・本論・結論」の3つのパーツで構成す
るのがよい。

　「序論」というパーツ、「本論」というパーツ、「結論」というパー

ツの、3 つの部分を意識して、それぞれのパーツに、1 〜 3 段落ほどのパラグラフを割り当てていくのである。

　各段落の字数の目安は、短い字数制限（400 字程度）の場合は、序論 100 字以内で 1 パラグラフ、本論 200 字で 1 〜 2 パラグラフ、結論が 100 字以内で 1 パラグラフ、計 3 〜 4 パラグラフが目安だ。

　制限字数が 600 字程度の場合の目安は、本論を 200 字で 2 パラグラフとし、序論・結論は 100 字程度にする。計 4 パラグラフだ。

　制限字数が 800 字程度以上の場合には、本論を 200 字〜 250 字と増やして、2 〜 3 パラグラフ程度、計 5 パラグラフ程度にする。

　図式的に表現すると、以下のようになる。

パーツ	段落と字数
序論	第 1 段落　100 字〜 200 字
本論	第 2 段落　100 字〜 200 字
	第 3 段落　100 字〜 200 字
	第 4 段落　100 字〜 200 字
結論	第 5 段落　100 字〜 200 字

＊本論の段落数は全体の制限字数により増減させる

　序論・本論・結論という枠組みを意識したら、これらに、先の節で説明した論文の要素＝テーマ、問い、答え、説明（論証）をもらさず割り振る。

　図解すると以下のような型ができる。まずは、HOW 型の問いを中心として解こうとする論文の場合の型、「どうすればよいか」という問いの小論文のパターンである。

【小論文の型】サンプル1 (HOW型の問いの場合)

パーツ	内　　容
序論	【テーマの確認、定義など】 課題文の筆者によれば、○○○という。 【問いの提示】 では、○○○はどうすればよいだろうか。
本論	【答え】 私は、…××すべきだと考える。というのも、 【論証①】 まず第一に、Aだからである。たとえば、…
本論	【論証②】 第二に、Bも根拠に挙げられる。新聞報道によれば、…
	【論証③】 第三に、そもそもCという原則に照らして…である。 …
結論	【答えの再確認と補足】(リフレイン) 以上の通り、○○○は××するのが最善だということ がわかった。これにより、…

　次に、WHAT型の問いを中心として解こうとする論文の場合の型、「何があるか」という問いの小論文のパターンを示す。

【小論文の型】サンプル 2（WHAT 型の問いの場合）

パーツ	内　　容
序論	【テーマの確認、定義など】 課題文の筆者によれば、○○○という。 【問いの提示】 では、○○○にはどういうものがあるだろうか。
本論	【答え①】 まず、A がある。 【説明①】 A とは、…
本論	【答え②】 また、B もある。 【説明②】 B は…
本論	【答え③】 さらに、C も忘れてはならない。 【説明③】 C は…
結論	【答えの再確認と補足】（リフレイン） 以上の通り、○○○には A、B、C があることがわかる。 これらはみな…なのである。…

■ 意見文としての小論文の作成手順

　ここからは、小論文試験の答案として論文を作成する手順とポイントについて説明を始める。実例がないとわかりにくいので、過去問を使って、解答作成のプロセスを見ていくことにしよう。

問題：次の文章は小松奈美子著『医療倫理の扉』という本の第一章「生と死をみつめて」の第三節「インフォームド・コンセント」の中の「パターナリズムをこえて」と題された一文です。この文章を読んで、インフォームド・コンセントのあり方について 600 字以上 800 字以内で論じなさい。

　インフォームド・コンセント (informed consent) とは、「十分に説明されたうえでの合意」であり、日本では一般的に「説明と同意」と訳されています。具体的には、「患者が医療者から治療法について十分な説明を受けたうえでその治療法に同意する」ということです。それまでの医療者の説明は「すでに決められている治療法について患者の了解を得る (ムンテラ) 注」というものだったので医療者主体の説明でした。でも、インフォームド・コンセントでは患者が主体的に自分の治療法に同意を与える点で大きな違いがあります。

　インフォームド・コンセントは、それまでのパターナリズム (paternalism：父親を意味するラテン語の pater に由来する言葉で、家父長主義・温情主義などと訳されている) に立脚した医療から脱却するためのキーワードとして登場しました。それまでの医療者にはパターナリズム的傾向が強く残っていて、古い家父長制の下で父親が絶対的権限をもって家族の人生の進路 (結婚・就職など) を決めていたように、医師も患者の治療法を独断で決定していました。

　このような医師－患者関係は、治療法の選択肢の幅が狭かった時代にあっては好ましい人間関係でもありました。「患者思いで温情たっぷりの医師」と、「そういう医師を心から信頼してすべてをお任せしている患者」という医師－患者関係は日本文化にもマッチしていました。十分に説明しないことによる実害もほとんど発生しませんでした。

　しかし、1960 年ごろになって医療技術が急激に進歩するとともに同じ病気に対しても新しい多くの治療法が開発され、しかも、それらの治療法のなかには、不治の病に対して劇的な効果をもたらすと同時に激しい副作用を伴うものも少なくないという状況になりました。したがって、どの治療法を選択するかによって闘病中の QOL (Quality of Life：生活の質、生命の質) も大きく違ってくるようになったために、徐々に、インフォームド・コンセントという言葉が重要な意味をもってくるようになりました。もちろん、医療環境の変化を敏感に察知した患者たちも自分の治療について十分な説明を受ける権利を主張し始めました。

［藤田保健衛生大学］

　ムンテラとは、ドイツ語 mund therapie をカタカナ語で表わしたもので、「口による治療」の意味。医師が患者に治療方針を説明すること。日本の医療は、明治維新以後、ドイツを中心に輸入されたので、昔の医学部はドイツ語が必修だったり、古い医者はドイツ語の略語を使ったりすることがある。

　「クランケ」（患者）、「メッサー」（執刀医）、「オーベン」（上級医・指導医）、「アッペ」（虫垂炎）など（手塚治虫のマンガ『ブラック・ジャック』にもよく出てくる）。現在は、医学・医療を含む自然科

学全般の共通言語は、もっぱら英語になってしまったので、医学部などでも「ドイツ語必修」というところはみかけなくなった。

■ 解答案：

　課題文によれば、インフォームド・コンセント（以下 IC と略す）は、単に医師から説明を受けるだけでなく、患者が主体的に同意を与えるという点が重要である。かつての医療は、パターナリズムによるものが中心であったが、医療技術の進歩に伴い、さまざまな治療法のなかからどれを選ぶかによって効果や副作用が異なるという状況が生じ、こうして、IC の重要性は、以前に増して求められるようになってきた。しかし、IC がどれほど重要でも、それだけで、自動的に理想的な医療が実現するとは言えない。では、実際の医療現場において、IC はどのように実践されるべきなのだろうか。

　私は、単に IC を実践するだけでは、決して理想的な医療は実現できないと考えている。たとえば、患者の決定が、常識や社会通念から逸脱した、不合理なものであった場合を考えてみよう。医療者は、必ず患者の決定に従うべきなのだろうか。決してそれが最善だとは言えないはずだ。

　IC の目的は、患者の権利を守り、患者主体の医療を確立することにあるが、そもそも患者主体の医療とは何を意味するのか。それは、患者の自己決定権を保障するものであるのみならず、患者の最善の利益を保障する医療をも意味する。とすれば、患者の幸福を増進しないことが明らかなような場合にまで、患者の決定を形式的に尊重するのは、決して患者にとって最善の医療を提供することにはならないであろう。

　だから、やはり、治療方針の決定の現場では、IC に加えて、医師の職業倫理、つまり「パターナリズム」が必要になると考えられる。プロとしての判断と意見が、正しく患者やその家族に伝わることによってはじめて、患者自身が一番幸福な決定を選択できることもあるはずだ。IC は、ただの説明と同意を保証するだけでは無意味であり、医師のプロとしての判断が、どれくらい確実に患者に伝えられ、理解させることができるかに掛かっているのである。(句読点、改行、空欄含め、789 字)

■ 解答の方針

　このような課題文つきの問題に対する解答（論文）を作成する場合は、上記解答例のように、まず、1 段落目で課題文の簡単な要約、あるいはポイントのまとめを行う。次に、その**課題文を踏まえて、「問い」を立て**、その**問いに対する自分の「答え・意見」を述べる**。そして、その**根拠・理由を論証する**、という順番で論文を組み立てるというのが定石だ。

　課題文があるにも関わらず、その課題文の趣旨や内容を踏まえずに、好き勝手に拾った論点について勝手な論を展開するといった解答を作ってしまう受験生は、意外と多いので注意してほしい。わざわざまとまった分量の課題文を提示して小論文問題を作成している出題者の意図を、きちんと汲むようにすることが大切だ。

　なお、入学試験においては、出題者の要求は絶対だから、「出題方針に従った解答を作成する」ことができていないと、「問題に答えていない」と見なされてしまうことになりかねない。

■ 意見文の作成手順

⑴「課題文」を要約し、テーマを拾う

　すでに述べたとおり、最初にすることは、課題文の簡単な要約をして、論文で扱われているテーマをしっかりと確認することだ。テーマとして掲げられているもののうち、設問では「何を（解答として）要求しているのか」に注意するようにしよう。

　たとえば、「○○が必要かどうかについて述べよ」と問われた場合は、当然、「○○が必要かどうかについて」論じなければならない。こんなことは、あたりまえすぎると思われるかもしれないが、本番の試験では、問題を読み違えたり、早とちりで勘違いしたりもしがちだ。十分に注意してほしい。

　この問題では、「インフォームド・コンセントのあり方について」答えなさいと指定されている。

⑵ テーマから「問い」を作り出す

　「課題文提示型」の小論文問題では、課題文から適切に「テーマ」を抜き出すことがポイントになる。ゆめゆめ、中心的なテーマとは無関係な論点に反応して、課題文の趣旨から外れた解答を作らないように注意しよう。課題文の一番重要なテーマにきちんと答えるのが肝要だ。

　問題あるいは課題文には、かならず「テーマ」が提示されており、そのテーマは「問い」（つまり「疑問文」）の形で表すことができる。これは、どんな問題であっても当てはまる。

　意見文を作成するために最初にしなければならないのは、与えられた課題文＝テーマから、自分の関心に沿った「問い」をうまく作

り出す作業だ。問いは、「〇〇は、どうあるべきか」、「〇〇は、本当に必要なのか」、「〇〇と××はどのような関係にあるのか」、などの疑問文で表現するのがわかりやすいが、「以下、〇〇はどうあるべきかについて考察する」などの表現でも構わない。

いずれにせよ、この「問い」の作り出しがうまくいかないと、自分の意見も、論証もうまくいかない。うまく自分なりの問いを見つけ出すには、自分が課題文を読んでいて、疑問に感じ、反感や共感を持った部分に線を引きながら読むと良いだろう。

とにかく、反感でも共感でも、「心の引っかかり」を探るのがポイントだ。与えられたテーマがまさに問題となるような「具体的場面」を想像したり思い出したりするのも一つの方法である。

⑶ ≪問い≫に対する≪答え≫を考える

以上のプロセスを経て、自分自身の「問い」を引き出したら、次にやるのは、「問い」に対する「答え」を考える作業だ。書き始め・解き始めの段階では、さしあたりの答え・意見で構わない。考察しているうちに意見が変わることはよくあるし、それはそれでとても良いことなのである（内容をよく理解し掘り下げている証拠だ）。

次に、通常は、ここで自分の答え・意見に対する「異論・反論」の可能性を検討する作業を行う。すぐに原稿用紙には書かないで、メモの形で検討をするのがよい。

ほとんどの問題において、自分の意見への反対論は必ず見いだされる。反対論が見いだされた場合、自分の意見が正しいか、反対論（仮想的反論者）の意見が正しいか、そのどちらも間違っているか、そのどちらも正しいか、の４パターンのどれかしかない。どれが正しいかを、直観や常識だけでなく、論証によって導いてみよう。

反対論者にも同意してもらうためには、「確かな前提」を根拠として用い、自分の意見を正しく導く論証のプロセスが必要となる。

⑷「論証」を行う　①事例からの論証＝例証

　論証には、まず、経験的な事実や実例を挙げ、それを根拠として用いる方法がある。これを、「事例からの論証」と呼ぶことにしよう（帰納的論証）。

　たとえば、完全なインフォームド・コンセントの必要性を論証するために、「父が末期がんに侵されたとき、医師が本人への正確な告知をしなかったために、限りある余生を充実して過ごすことができなかった」とか、「本人の心の弱さを慮り、嘘の告知をしたが、その結果、無用の混乱を引き起こした」とか、このようないくつかの帰結を引き起こした具体的経験を挙げるようなことが、「事例からの論証」だ。

　ただし、これらの事例が、本当に根拠としてふさわしいかどうかについては、詳細な検討が必要である。事例を根拠として論証を行う場合、その事例が「一般化可能であるか」を考慮しなければならない。取り上げる事例が、偶然自分にだけ起こったものかもしれないからだ。

　そして、事例を一般化するには、通常は、複数の事例が必要であることも覚えておこう。それらの反対事例が成り立たない、あるいは見つからないことを示すことも有効な例証になる。

⑸「論証」を行う　②原理原則からの論証

　論証のために用いることができる前提には、経験的事実や事例のほかに、学問的に認められてきた原理原則（principles）などもあ

る（演繹的論証）。

「原理」あるいは「原則」は、もともとは「起源」という意味を表し、学問的議論を行う場合に最初に置かれる言明を指していた。これらは、簡単に言うと、それ以上さかのぼったり、その根拠を示すことができなかったりするような考えや主張のことである。

たとえば、「人を殺してはいけない」や、「盗んではいけない」などの道徳原則は、それ以上根拠を求められないような類の主張であると言える（もちろん哲学など根本的な学問においてはこの前提自体を疑うのであるが）。

「殺すべからず」「盗むべからず」の 2 つの主張は、いずれもキリスト教の聖典である聖書や、仏典の中にも見ることのできる原則だ。ほとんどの社会にある「掟」の一つである。入試小論文を書く上では、「普遍的な原理」と考えて差し支えない。

字数の少ない小論文レベルの論証において、一般的な原理を根拠として用いることは、ときに非常に有効である。たとえば、小論文頻出の出題分野である「生命倫理」の分野でも、「原理・原則」と言われるものが、いくつか存在する。答案を作成する受験生としては、こういった類のさまざまな原理・原則を理解し、覚えて、使いこなせるようになると非常に便利である。

論証のやり方の例

(1) 事実・事例からの論証（帰納的論証）

(2) 原理原則などからの推論（演繹的論証）

解説：パターナリズム

　パターナリズムは、課題文中にもある通り、ラテン語の「父親」を表すことば pater に由来し、封建的で父親的な権威と温情で、患者の治療にあたる医師のあり方のことをいう。インフォームド・コンセントや、患者の権利擁護が、医療におけるスタンダードになってくると、パターナリズムは、「過去のもの」「乗り越えるべきもの」とのみ、考えられるようにもなったが、実は、そうではなく、単純にインフォームド・コンセントがありさえすればよいわけではないことに注意をしておこう。

第４章：科学論と環境倫理

1 科学と非科学の境界問題

問題：次の文章を読んで「医学」が科学として成立するか否かについてのあなたの考えを 400 字以内で書きなさい。

　多くの人は、科学は正しい事実だけを積み上げてできていると思うかもしれないが、それは真実ではない。実際の科学は、事実の足りないところを「科学的仮説」で補いながら作り上げた構造物である。科学が未熟なために、本来必要となるべき鉄骨が欠けているかもしれないのだ。新しい発見による革命的な一揺れが来たら、いつ倒壊してもおかしくない位である。

　だから、「科学が何であるか」を知るには、逆に「何が科学でないか」を理解することも大切だ。科学は確かに合理的だから、理屈に合わない迷信は科学ではない。それでは、占いや心霊現象についてはどうだろうか。

　占いは、当たらないことがあるから非科学的なのではない。天気予報は、いつも正確に予測できるとは限らないが、科学的な方法に基づいている。また、お化けや空飛ぶ円盤の存在は、科学的に証明されてはいないわけだが、逆に「お化けが存在しない」ということを証明するのも難しい。なぜなら、いつどこに現れるかも分からないお化けを徹底的に探すことはできないわけで、結局見つからなかったとしても、「お化けが存在しない」と結論するわけにはいかない。ひょっとして今この瞬間に自分の目の前にお化けが現れるかもしれないからだ。

　哲学者の Ｋ・Ｒ・ポパーは、科学と非科学を分けるために、次

のような方法を提案した。反証（間違っていることを証明すること）が可能な理論は科学的であり、反証が不可能な説は非科学的だと考える。検証ができるかどうかは問わない。

そもそも、ある理論を裏づける事実があったとしても、たまたまそのような都合の良い事例があっただけかもしれないので、その理論を「証明」したことにはならない。しかも、ある法則が成り立つ条件を調べるといっても、すべての条件をテストすることは難しい。むしろ、科学の進歩によって間違っていると修正を受けうるものの方が、はるかに「科学的」であると言える。

一方、非科学的な説は、検証も反証もできないので、それを受け入れるためには、無条件に信じるしかない。科学と非科学の境を決めるこの基準は、「反証可能性」と呼ばれている。反証できるかどうかが科学的な根拠となるというのは、逆説めいていて面白い。

たとえば、「すべてのカラスは黒い」という説は、一羽でも白いカラスを見つければ反証されるので、科学的である。しかし、「お化け」が存在することは検証も反証もできないので、その存在を信じることは非科学的である。逆に、「お化けなど存在しない」と主張することは、どこかでお化けが見つかれば反証されるので、より科学的だということになる。一方、「分子など存在しない」という説は、一つの分子を計測装置でとらえることですでに反証されており、分子が存在することは科学的な事実である。

[出典：酒井邦嘉著『科学者という仕事 — 独創性はどのように生まれるか』（中公新書）より]

[奈良県立医科大学]

科学と非科学（えせ科学・疑似科学）を区別する基準は何かという問いは「線引き問題 (demarcation problem)」と言われ、科学哲学の分野で論じられている。多くの研究者の結論によると、きっぱりとした線引きは不可能であり、唯一絶対の基準はなさそうだということになっている。

　カール・ポパーの「反証可能性」の議論（反証主義）は、線引き問題への解答として絶対的なものではないが、有力な基準を提起していることは間違いない。また、反証主義は、課題文の著者が述べているように、とてもユニークなものであるが、それ以上に、科学の弱点を強く認識させてくれるという点においても優れたものと言える。

　その、科学の弱点とは、「帰納法」（帰納的推論）の弱点でもある。

■ 帰納法の問題と「反証主義」

　科学と非科学の境界についてのテーマは、「帰納法 (induction)」の問題のバリエーションでもある。この論点は、大学の小論文試験でも、最近はよく問われるようになってきているので、少々専門的だが説明を加えておこう。

　科学は、伝統的には、「仮説演繹法」という方法をとるが、それは、以下のような手順による。(1) まず、さまざまなデータから、一般化できそうな仮説・理論を導く。(2) 次に、仮説から予測を導く。(3) そして、その予測を、さまざまな実験や観察により検証する。以上の手続きにより、検証されたものが、科学的な理論として認められることになる。

　上記 (2) の手順には、演繹法が、(1) と (3) の手順には帰納法が使

われている。だが、この「帰納法」には、科学にふさわしい推論として正当化できないのではないかという疑義がかけられるのである。

ある前提から、結論を導くことを「推論」というが、推論には、大きく分けて演繹法と帰納法という 2 つの方法がある。まず演繹法 (deduction) とは、「A ならば B である。そして A である。ゆえに B である」というような推論形式で、前提が正しければ、必ず（必然的に）結論も正しくなるような推論である。

一方、帰納法は、「A も B も C も D も…である。したがって、X は…である。」というような推論で、観察されたデータから、次の新しい情報についての結論を述べるやり方である。

しかし、帰納法においては、すべての結論が正しいとは決して言えないことがわかっている。たとえば、みかん箱のみかんのはじめの 20 個が腐っていたとしても、21 個目が腐っているとは言えないし、昨日まで太陽は東から昇っていたけれども、明日もそうなるとは限らない。明日も太陽が東から昇る可能性は非常に高いが、小惑星の衝突で地球の軌道が変わったら、太陽は東から昇らなくなるかもしれない。過去の事例をいくら列挙しても、次の事例も 100% 確実であるとは言えない。

つまり、帰納法では、演繹法のように確実に正しい結論を導き出すことはできないのである。

そうすると、科学の合理性をどのように確保したらよいか、という問題が出てくることになる。課題文に紹介されている科学哲学者のカール・ポパーは、「帰納の正当化は不可能である」として、帰納法を一切使わずに科学を実践することが可能かどうかを検討した。

そして発見されたのが、「反証主義」の考え方だったのである。反証主義は、演繹法だけで科学を構成しようとする試みである。

　ポパーの反証主義によれば、科学理論は、以下のような手順が踏まれることになる。(1) まず、推測 (conjecture) により、仮説を形成する。(2) 次に、仮説から実験・観察による反証が可能な予測を導く。(3) 反駁 (refutation) により、仮説の反証が試みられる。こうして、反証をまぬがれた仮説だけが、理論として残ることになる。

　この手順には、「仮説演繹法」における「検証」の手続きの代わりに「反駁」が行われている。反駁は仮説の反証の繰り返しだが、この反証においては、演繹法が用いられる。すなわち、「もし A なら、B である。しかし、B ではない。ゆえに、A ではない。」という演繹的推論である。

　この推論は、演繹法の中でも、モードゥス・トレンス (Modus Tollens) =「後件否定」と呼ばれる妥当な推論形式であり、前提が正しければ、結論は必ず正しくなる。

　このようにして、「反証主義」の考え方は、確実性のない帰納法を排除し、科学を再構成しようとする。これを「反証可能性」という形で線引き問題に応用すると、課題文に説明されているような科学の定義が出てくるのである。

　従来の科学理論には、帰納法という弱点があり、その弱点の克服には、反証主義を採らなければならないというのが、ポパーの主張である。

　たしかに、ポパーの考え方によって、科学の合理性を確保しようとする方法には一理ある。しかし、実際の科学においては、弱点である帰納法の不確実性を認識しながら、謙虚に進んでいく道もある。むしろ、科学的実践に関わるものは、ポパーの教訓を、「科学の万

能性の否定」というところに見出し、科学の研究・応用・実践における「謙虚さ」という教訓を引き出すべきではないだろうか。

　ちなみに、ポパーは、「ソクラテスに帰れ」というスローガンを提起している。その意味は、科学の膨大な知識ですら、「無知の知」（自分が無知であることを知っている）のレベルに劣る、という「謙虚さ」の提唱なのである。

🔲 問題の解答案：

　「ピロリ菌が胃潰瘍の原因になる」という説がある。この仮説は「ピロリ菌が胃潰瘍を引き起こさない」事例の発見により反証されうるので、この場合は科学として成立していると言ってよい。

　一方、病気の治癒に役立つが、反証可能ではないような医学上の仮説が通用する場合もある。たとえば「ストレスが原因である特定の病気が引き起こされる」という仮説である。ストレスの人体への影響は説明できる領域があまりに広大なため、「人体に影響がない」という反証を行うことは困難である。この場合、医学は厳密な科学ではないと言わざるを得ない。このように、反証可能性の立場からは、医学はすべての仮説において科学として成り立っているとは言えない。

　しかし、医学は、厳密な科学とは言えなくとも、合目的で実践的な行為でもある。治療の完遂という目的に対して合理的であることを科学と定義するなら、医学は科学であると言っても差支えはない。(391 字)

2　科学技術に対する責任

問題：次の文章を読んで、以下の問に答えなさい。

　科学は自然の対象を観測し、そこに存在する構造や機能の法則性を明らかにする。ある対象領域に成り立つ法則を発見した、法則を確立したというのは、どのようにして保証するのだろうか。

　ボールを投げると放物線をえがき、ある一定の距離に落ちる。ある物質と物質を混ぜて、ある一定の温度に保つと、反応してある物質ができる。こういった多くの実験から、そこにある種の規則性を認識し、そこから法則を確立していくわけであるが、その①法則は実験によって確かめるというプロセスを絶対的に必要とする。しかも、②誰がやっても同じ結果が得られるということでなければならない。

　このように、科学は自然のなかに存在する対象を分析し、そこから法則を抽出し、対象を分析的に理解するというところに中心があった。こうして法則が確立されると、つぎの段階として、これらの法則の新しい組み合わせを試みることによって、それまで世界に存在しなかった新しいものをつくりだせる可能性があることに、人々は気づいたわけである。

　法則を組み合わせて、実験をしてみて、もとの対象が復元できることを確かめるところまでは、科学の領域であろうが、法則をいろいろと新しく組み合わせて何か新しいものをつくっていくというつぎのステップは、シンセシス、あるいは合成・創造の立場であり、それが現代における技術であるということができる。つ

まり、現代技術は科学の法則を意識的にあらゆる組み合わせで使ってみて、何か新しいものをつくりだしていこうとする明確な意図をもったものとなっていて、これが従来の技術とは明確に異なっているところである。

このように分析と合成とは対概念となり、したがって科学と技術も対概念であり、コインの裏表の関係であると理解される。そこで、これら全体は科学技術という一つの概念、一つの言葉としてとらえることができるだろう。

科学と技術はまったく異なる概念で、科学技術という表現は適当でないという考え方をする人もいる。しかし、現代科学は高度の技術なしにはありえず、その技術も科学によって支えられている。今日では、科学者自身がシンセシスの領域に本格的にのりだしてくる一方で、技術者のほうも、技術を押しすすめるために本格的な科学的基礎研究をおこなっている。

こうして、科学と技術の境界は判然としなくなってきているうえに、何か新しい発見があると、これがただちに技術の世界に使われて新しい発明につながり、これがまた基礎研究にフィードバックされるという、非常に速いサイクルをえがく時代になっている。そういった状況からも、これら全体を科学技術と呼ぶのが適当であるというわけである。

20 世紀の技術は、それ以前の技術とはまったく異なるものである。昔の技術は、アート (art) という言葉がしめすように、その道の専門家の直観と努力によって磨きぬかれた技芸であり、芸術にせまる何ものかであったわけで、科学とは何の関係もないものであった。ところが、20 世紀における技術は、科学によって確立された対象についての法則を意図的、体系的、網羅的に組み合わせ

て用い、新しいものを手当たりしだいにつくりだすというものである。これが現代技術のもつきわだった特色である。

[中略]

このように見てくると、今日の科学技術のほとんどあらゆる分野が、③アナリシス（分析・解明）の時代からシンセシス（合成・創造）の時代に入っていきつつあると考えられる。したがって、20世紀を科学の時代というならば、21世紀はシンセシス中心の科学技術の時代となることはまちがいない。

そこで、1つの大きな問題点が浮かび上がってくる。これまでの科学は、神が創造した地球と自然、そしてそこに存在する物を観察し、理解するということをおこなってきた。そのかぎりにおいて、④科学は謙虚であり、科学は価値中立であるとされてきた。しかし、神のみがもっていたものごとを創造する秘密を、今日私たち人間が手に入れ、あらゆる法則を無原則的に組み合わせて、できることは何でもおこない、どんどんと新しいものを勝手につくりだしつつあるわけである。そして、それらはけっして地球と自然、生物や人間にとってよいものばかりではない。一見よいものと見えても、長期にわたってながめてみれば深刻な問題をもたらすものもたくさんつくりだしているのである。

したがって、⑤今日の科学技術においては、価値中立、ということはありえず、私たちがつくりだすものについてははっきりした責任を負うべきであろう。21世紀にはあらゆる科学技術の分野において、分析の時代が終わって、創造の時代に入っていくことは明らかであるから、⑥科学技術に対する人間の責任は重大である。

［出典：長尾真『「わかる」とは何か』より抜粋］

問1：下線部①および、②の意味を表す一語をそれぞれ漢字で答えなさい。

問2：下線部③のアナリシスからシンセシスに至った具体例をあげて説明しなさい（100字以内）。

問3：下線部④および、⑤について、科学の価値中立の意味を明確にしながら、現代科学が価値中立であり得ない理由について具体例をあげて説明しなさい（200字以内）。

問4：下線部⑥について、研究者として科学技術に対して負う責任について論じなさい（200字以内）。

［山口大学］

科学実験や科学理論に関する知識問題である。常識的な範疇の国語の問題とも言えなくはないが、一般の受験生にとっては難しいかもしれない。

■ 問1の解答：

① 検証（追試）
② 再現性

①について：科学の理論・法則は、観察や実験などを通じて導き出される。しかし、それまでに見つかった事実などから得られた理論や法則は、その時点では「仮説」にすぎない。その仮説が、何度も他の実験や観察によってテストされて、真理としての理論・法則として認められていくのである。このように、仮説段階にある理論や法則を、他の実験によってテストすることを「検証」という。ま

た、新たに発表された理論を、第三者による実験を通じて真偽を確認する作業を「追試」という。この設問には、どちらで答えても可。

　なお、2014年に大いに話題になったSTAP細胞問題では、小保方氏の発見したとする新事実が、第三者による追試によっては検証されなかった（小保方氏の実験と同じ手順でSTAP細胞を作成できなかった）ことから、科学上の新発見、新理論として認められなかったのである。

　②について：仮説の検証に繰り返し成功できる精度を「再現性」という。

　もちろん、宇宙に存在するすべての証拠を事実として確認することは不可能なので、理論や法則が完全に検証済みとなることはない。その意味で、科学法則は永遠に「仮説」であり続けるしかない。しかし、発見者以外の誰が検証しても同じ実験結果が得られる「再現性」の高い理論・法則と、そうでない理論とがあり、再現性の高い繰り返しの検証によって確かめられた法則は、より真理に近いということができるだろう。

　■ **問2の解答案：**
　原子の構造理解から、原子核反応を兵器や発電に転化する技術が発明されたり、遺伝子やDNAの構造の解明から、遺伝子を組み替えて新しいたんぱく質や生物、食品を生み出すことなどが行われたりしている。　　　　　　　　　　　　　　　　（93文字）

　「アナリシスからシンセシスに至った具体例」と言っているのだから、まず、「アナリシス」と「シンセシス（合成・創造）」の意味

を本文中で確認する必要がある。

　まず、「アナリシス」については、第 3 段落で「自然のなかに存在する対象を分析し、そこから法則を抽出し、対象を分析的に理解する」と書いてある。第 10 段落（「中略」後の第 2 段落）にも、「これまでの科学は、神が創造した地球と自然、そしてそこに存在する物を観察し、理解するということを行ってきた」と書いてあり、すでに在るものについての分析・解明を行う「これまでの科学のあり方」を表す概念だということがわかるだろう。

　一方の「シンセシス」については、第 8 段落に「20 世紀における技術は、科学によって確立された対象についての法則を意図的、体系的、網羅的に組み合わせて用い、新しいものを手当たりしだいにつくりだす」、第 10 段落に「神のみがもっていたものごとを創造する秘密を、今日私たち人間が手に入れ、あらゆる法則を無原則的に組み合わせて、できることは何でも行い、どんどんと新しいものを勝手につくりだしつつある」と書いてある。つまり、筆者が当てた訳語（合成・創造）の通り、シンセシスとは、既存のものを組み合わせて全く新しいものを創り出すことを表す概念として説明されている。

　したがって問 2 の解答案では、いままでは存在すらしていなかった新しいものを創り出すというプロセスを説明しなければならない。

■ 問3の解答案：

　科学の価値中立とは、科学がもっぱら対象の分析・解明に従事し、真理だけを追究していることを意味する。現代科学が価値中立であり得ない理由は、科学が技術と結びついて単なる真理追究を超え、かつては存在しなかった物質を創り出したり、自然にはあり得ない負荷を環境に与え始めたりした結果、クローンや遺伝子操作といった生命倫理の問題や、気候変動の問題、リスク算定が不可能な原発事故の問題等が生じているからである。(198字)

　「価値」とは、一般的に「真・善・美」といった、物事の評価や良し悪しの判断の結果を言う。しかし、ここでの「価値中立」といった場合の「価値」とは、「真・善・美」のうちの「善」と「美」、すなわち、倫理や道徳、美学に関わる評価、結果の判断を意味している。どんなに科学的に「真」(真理)である発見がなされたとしても、それが技術に応用されて、人類あるいは地球環境に対して負の結果をもたらすのであれば、それは「中立」ではなく、負の価値をもつということになる。つまり、倫理的に悪であるということだ。

　現代科学は、技術と不即不離であるから、どんな「真理の発見」も、技術と結びついて、善にも悪にも応用されていく可能性がある。

　第10段落にも、「それらはけっして地球と自然、生物や人間にとってよいものばかりではない。一見よいものと見えても、長期にわたってながめてみれば深刻な問題をもたらすものもたくさんつくりだしているのである」と書いてある。これが、現代科学が「価値中立ではあり得ない」ことの理由になっており、このような具体例を考えて記述すれば、解答が出来上がる。

■ 問 4 の解答：

研究者には、説明と情報公開の責任がある。まず、自分の研究する対象やテーマが、どのようにして科学技術に応用されうるかを知らなければならない。そして、研究対象や結果について、一般の人にもわかる言葉で説明できなければならない。それから、情報を公開し、常に意見や批判に対して開かれたスタンスを持っていなければならない。これらは、すべて、科学技術の暴走を監視するために必要な、研究者に与えられた責任である。（198 字）

研究者の「科学技術に対して負う責任」とは、「科学技術に対してどういう態度をとるか」ということと同義である。そして、科学技術に対して何らかの態度をとることは、とりもなおさず、科学技術の恩恵（場合によっては被害）を受ける一般の人々に対して、どのように向き合うかということに他ならない。

したがって、「科学技術に対して負う責任」を正しく言いなおすと、「科学の研究者が、科学技術の応用に関して、社会に対して負っている責任」ということになるだろう。

さて、解答案では、説明責任、および情報公開の責任について述べたが、字数が 200 字以内と短いので、どうしてそのように言えるのかという、論文作成に必須の要素である「根拠」を十分に書ききれなかった。なんとか 50 字程度で、「科学技術の暴走を監視するため」という理由を挙げておいたが、「シンセシスの時代」に入った科学技術の「創造」する側面にきちんと答えるのが重要である。与えられた課題文があるのだから、そこから読み取れる課題に対して、きちんとした応答にもなる解答を作るように心がけよう。

3 若い人の理科離れ

　「科学論」というよりも、政策論といった方がよい課題ではあるが、推薦や AO 入試でよく見られる意見論述型の小論文や討論（ディベート）対策として、「若い人の理科離れ」というテーマを取り上げる。この問題の課題文自体、とても啓発的な内容なので、そのまま意見を拝借してもよいかもしれない。

問題：最近、ノーベル化学賞受賞者の鈴木章氏や根岸英一氏も「若い人の理科離れ」を憂慮されていました。次の文章は、2010 年 11 月 18 日の朝日新聞に掲載された京都大学名誉教授佐藤文隆氏の談話です。この談話を読んで以下の質問に答えなさい。

　「若者の理科離れ、大変だ」と言っているのをよく聞きます。でも、少し騒ぎすぎだと思いますね。欧米が理数系の学力調査で日本やシンガポールにはるかに及ばなかったとき、やはり「理科離れが大変」と様々な教育強化策が打ち出されました。日本もようやく「先進国病」を患うほどに成熟した、という印象です。

　数理的な思考は、計算ドリルやそろばんといった繰り返しの訓練でたたき込むもの。私は「楽しいから学びましょう」というのには反対です。たたき込めば、楽しさが分かってくるものなんだと思う。ところが、先進国になると、このつらい訓練を避ける傾向が強まるんですね。

　実は政府は、ずいぶん科学技術に力を注いできました。1995 年に科学技術基本法が成立。財政支出を増やす基本計画をつくり、

内閣府に総合科学技術会議もでき、様々な対策が講じられました。科学技術振興費だけでみれば、昨年度までの 14 年間で倍増ですよ。ただ、カネをばらまいた割には若者がついてこない「理科離れ」はある。

でもね。若い日本人だけで日本を科学国家にしようという発想が、そもそも狭すぎます。

科学とは本来、コスモポリタニズム (世界市民主義) の営みで、国家から独立しています。愛国心とは最も遠いものですよ。それなのに近年、「科学で日本を豊かに」「技術が国を救う」などと、国とのかかわりが強調されています。もっと冷静に考えなければならない。

私は日本のトップの研究現場をもっと国際化しようと訴えたい。日本の若者がふがいないのなら、科学技術関連予算の一部を振りわけて、優秀な外国人研究者をどんどん雇えばいい。チームで雇ってもいい。

米国をご覧なさい。トップレベルの研究所では、どんどん外国人を入れている。異質なものを交ぜると、そこから優れた成果が出てきます。日本にまだ資金があるうちに、この手法で世界的な研究拠点をつくるべきですよ。

私はなにも、日本の研究機関や企業にいる約 70 万人もの研究者の大半を、外国人にしろと言っているのではありません。研究者層をピラミッドにたとえると、頂点の 1 万人ぐらいのところに秀逸な外国人を入れろということ。

頂点の半分が外国人になってみなさい。さすがに日本の若者も焦るでしょう。「日本人でダメなら、他になんぼでもいる」と言ってみせないと、みんな必死で挑戦しませんよ。

頂点をより高く引き上げれば、ピラミッド状になっている研究者層の全体が活性化し、すそ野もおのずと豊かになる。「税金を使って、外国人を高給で雇うなんて」と思うかもしれませんが、研究機関の名声も、特許などの成果も結局、日本のものになるんです。

ノーベル賞を狙うような研究者はひと握りであって、学校をベースにした教育政策とは関係ありません。政策と税金の使い道は、数十万の日本人研究者層を強化するために練るべきです。貴重な国の資金を一律にばらまくのではなく、もっと差別的、戦略的に使った方がいい。

質問1：この談話に適切な題名を20字以内で付けなさい。

質問2：佐藤文隆氏が指摘する「理科離れ」の原因を、200字以内で説明しなさい。

質問3：佐藤文隆氏の提唱する「日本を科学国家にしよう」とする方策について、あなたの考えを400字以内で述べなさい。

［秋田大学］

■ **質問1の解答案：**
・研究トップの国際化で科学技術振興を果たせ（20）
・科学振興にお雇い外国人で世界的研究拠点を（20）
・戦略なきバラマキでは理科離れは止まらない（20）

質問1は、タイトル付けの問題である。タイトル付け問題の出題意図は、「きちんと要約ができているか」を見ることにある。つまり、課題文の最も重要なテーマや主張を読み取り、それを短い言

葉で表現できるかどうかがポイントになる。

リアルな新聞記事にあるような、気の利いたレトリックに満ちたタイトルをつける必要はない。大切なのは、テーマは何か、主張は何かをきちんと押さえ、それを表現することである。

▓ 質問２の解答案：

理科、すなわち科学の振興は、数理的な思考を基礎として成立するが、数理的な思考の訓練には苦痛が伴うため、日本のような豊かな先進国では、辛い数理的訓練を避ける傾向が広まる。また、日本では外国からの研究者の流入が少ないため、ピラミッド状になっている研究者層の活性化が不十分であり、若者の挑戦する気持ちが高められる機会がいまだ少ない。以上が「理科離れ」の原因である。 　　　　　　　　　　　　　　　　　　　　（179字）

２問目は「理科離れ」の原因を説明するものである。直接的には、第２段落から第３段落にかけて書いてある、「先進国病」の記述が原因の説明になっている。

ただし、これだけでは字数は埋まらないので、間接的にでも、原因分析と切り話せない箇所を見つけて書く必要があるだろう。後ろから数えて３段落目の「『日本人でダメなら、他になんぼでもいる』と言ってみせないと、みんな必死で挑戦しませんよ」の箇所がヒントになる。「言ってみせないと、…挑戦しない」という仮定法的表現は、「言ってみせてないから（それが原因で）…挑戦しない」という文と同義である。ここから、「海外からの流入がなく、他に（海外に）なんぼでもいるとなっていないこと」を原因説明として加えることができる。

　私は、佐藤氏の方策について基本的に賛成である。科学とはそもそも最も普遍的な知的営みの一つであり、国境や文化とは無関係なものである。世界中の優秀な科学者が、日本の研究者の中に交って成果を出し始めれば、それに触発された日本人研究者のレベルも向上してくるだろう。

　ただし、外国人研究者を日本に招聘し、活躍してもらうには、越えなければならない壁も存在する。第一に、それは、言語の壁であり、第二に住居や研究環境という壁である。

　科学の共通言語は英語であり、外国人と共同研究を行う場合は、英語でのコミュニケーションは必須となるだろう。研究トップ層の英語力向上が伴わないと、共同研究による成果も出てこないと思われる。

　また、日本の狭い住環境や低廉な研究環境は、海外の優秀な研究者にとって魅力的でない可能性がある。これらの課題をクリアしなければ、ただ外国人を呼んだだけで成果は上がらないという可能性もある。　　　　　　　　　　　　　（空欄を除き 392 字）

　質問 3 は、400 字という非常に短い意見記述なので、解答案では、賛成の場合の条件を 2 つほど指摘するにとどめ、コンパクトにまとめた。賛成あるいは反対を述べたあと、その根拠や理由をしっかり述べることができれば、それに越したことはない。

4 環境問題と生命の欲望

問題：次の文章を参考にして「環境破壊と人間」というテーマで、あなたの意見を述べなさい。（600 字以内）

　環境破壊は、「生命」を忘れた哲学によって生み出されたのではありません。

　そうではなくて、我々の文明を根底から規定している「生命の欲望」そのものが、環境破壊を生み出したのです。

　自然の猛威や、災害や、野生動物などから身を守り、なるべく長く快適に生き延びたいという「生命の欲望」に、自然環境をコントロールする技術が結びつくとき、自然支配と環境破壊が立ち上がったのです。近代の科学技術と産業社会がそれに拍車をかけました。ですから、環境破壊の原因のひとつは、人間の「生命」そのものの中にひそんでいるのです。

　たしかに人間の「生命」には、他のあらゆるものと共存し、生きとし生けるもの全体の循環のなかで生死を全うしようとする本性があります。

　しかしこれと同時に、人間の「生命」には、自分たちが生き延びるためには他の生命を貪欲に利用し、犠牲にし、搾取してゆく本性があるのです。この生命の本性こそが、人類を地球上で何百年も生き延びさせ、そして文明へと導いていったのです。

　生命の本性がはらむ、この二面性を見逃してはなりません。

　「自分がもっと生き延びたい。」それは他ならぬ私たちの「生命」

の根底から発せられる魂の叫び声です。そういうエゴイズムがあるからこそ、他人の臓器をもらってまでも生き延びたいという願望が出てくるのです。そして、そういうエゴイズムはみんながこころに抱え込んでいて、この点ではみんな同罪なのだから、その願望はできるだけ認めてゆこうとするところに、臓器移植を肯定する社会が立ちあらわれてくるのです。

　そういう「生命の欲望」を満足させるツールとして発展してきたのが、近代の科学技術でした。

[出典：森岡正博『生命観を問いなおす』より]

[岩手医科大学]

　大学入試全体の小論文の出題傾向を見ると、地球環境問題は、過去の最頻出テーマであった。最近は、単独の問題としては、昔ほど出題はされなくなったが、それでもなお、関連する問題のテーマとして出題されている。

　3.11 の大震災の後の数年間は、エネルギー関連の問題の出題が増えたが、このような問題に答える際には、環境問題についてのある程度の知識も必要となる。エネルギー問題は、温暖化ガスの排出という環境汚染の問題抜きにしては、語ることができないからである。

　また、環境政策の政治性や欺瞞性への批判も、少なからず提起されており、このような問題意識に裏付けられた出題も、今後増えていくことが予想される。

　一方、多くの日本人にとっては、環境問題やエネルギーの問題よりも、景気対策や経済格差の問題が目下の優先事項になっている現状がある。たしかに、経済の問題の重要性を否定することはできな

いが、しかし、経済問題があらゆる意味において環境問題の解決に優先するとまでは言い難い。さらに言えば、あらゆる問題は、環境問題となんらかの関連を有しているとも言えるのである。その意味で、環境問題は、相変わらず重要なテーマであり続けている。

さて、次に環境の倫理を考えてみよう。自然を保護するということがどういう意味を持っているかを考えることは、自然そのものの道徳的地位（自然の価値）や、自然に対する人間の関わりを考えることにほかならない。自然保護を論じるにあたって、環境問題の倫理的側面や人間と環境の関わり方を考察する「環境倫理」の考え方を整理してみたい。

哲学者・倫理学者の加藤尚武によれば、環境倫理学の主張とは、①［自然の生存権］：有限な地球環境のもとで人類が生きてゆくための、新しい倫理が必要である、②［世代間倫理］：いま生きている人間のことだけでなく、将来世代の人々のことまで含めて、現在の私たちの行動を決めてゆこう、③［地球全体主義］：人間だけでなく、動物や植物などの生き物をも私たちの一員として配慮して、私たちの行動を決めていこう、の３点にまとめることができる[注1]。

②の世代間倫理の主張を別として、環境倫理の主張の背景には、人間中心主義を拒絶して、非人間中心主義を追求しようとする意図が見られる。自然保護の考え方には、このような人間中心主義の克服を模索しているものが多く、地球環境問題へのアプローチも、同様の考え方を思想的な背景として持ちつつ展開している。

注1　加藤尚武『環境倫理学のすすめ』（丸善）、同編著『環境と倫理［新版］）』（有斐閣）、森岡正博『生命観を問いなおす』（筑摩書房）など。

地球環境や自然の保護を主張する思想の背景にある非人間中心主義は、人間以外の生物の権利や、自然そのもの価値（内在的価値と言う）を主張している。しかし、なぜ人間中心主義ではいけないというのだろうか。

　そもそも、エゴイストである人間は、はたして人間中心主義を克服できるのだろうか。もし克服できないとすれば、そんな無理な前提に基づく自然保護は、結局は実効性を持ち得ないのではないだろうか。

　人間中心主義と非人間中心主義の、不毛とも言える対立を超える倫理の一つの可能性として有望なモデルに、「里山の環境倫理」がある。

　里山の環境倫理は、人の手が入ることによって維持される自然（二次的自然、里山）における、人間と自然の関係性に注目する。日本には従来、人里近くの山（山岳ではなく実際には森や林）があり、それは、農耕生活者にとって必要な生活必需品を提供する場であり、田んぼやため池などと一体をなして生物多様性を維持し続ける仕掛けでもあった。環境省によれば、日本の絶滅危惧種のほぼ半数は、里山に生息しているとも言う。このように、農耕と分かちがたく結びつき、結果として多様性を維持する里山を、自然保護の対象として考えるのが、「里山の環境倫理」だ。

　人間中心主義も非人間中心主義も、人間対自然、人間対人間以外の生物種、という二項対立を前提に、そのどちらが重要かという議論をしてきた。非人間中心主義は、動物や自然物にもある種の価値や権利を与えてしまい、それゆえに「殺してはいけない」「守らなければならない」という議論に展開しがちだった。

　一方の人間中心主義においても、自然の大切さは所詮人間にとっ

ての大切さであることに変わりはないと、自然の「道具的価値」を強調することに開き直ってしまう立場も見られた。

しかし、人間を中心に考えながらも、自然との関わりにおいて、単なる道具的価値以外の価値を見つけることは可能だ。里山においては、人間の保護を目的にして有害動物を駆除することも許される。そうして全体として維持される里山には、さまざまな価値、すなわち、自然の道具的・経済的価値だけではなく、美的価値、いつくしむ対象としての価値、そして自然そのものの価値すら見出すことができるだろう。

こうして、自然保護を論じるにあたっては、「里山」をモデルとして考えることにより、自然そのものや生態系に生存権を与えるとか、動物の倫理的地位を人為的に構成するという無理のある議論をしないでも、実効的な指針と方法を考えることが可能となるだろう。

■ 科学技術の倫理への問い

もうひとつ、生命倫理と環境倫理の二つのテーマが、実は一つの大きなテーマにつながっていることを見ておくことにしよう。

生命倫理も環境倫理も、その課題はいま、大きな曲がり角に来ていることは確かである。科学技術の急激な進展に伴い、医療・生命科学は、いままでは神様あるいは自然の領域にあると考えられていた生殖や死をコントロールし始めている。また、人間の科学技術によって極限まで広まった経済活動は、人間の生存を支える地球環境のシステムそのものを変えようとしている。

このような、「生命の危機」「自然の危機」という現代の問題意識は、人間の科学技術がもたらした負の側面であり、これらの危機の

原因は、西欧近代の機械論[注2]、産業主義、現代の資本主義経済にあると多くの人が考えている。敵は、西欧式の考え方（近代主義、人間中心主義、資本主義など）であるというのだ。

しかし、生命の危機や環境の危機の一因が、西欧の考え方にあるとしても、それは単なるきっかけに過ぎないとも考えられる。

哲学者の森岡正博は、このような「我々の外部に敵がいる」という発想に対して、強い疑問を投げかけている。そして森岡氏は、現代の危機の最大の原因は私たちの内部にある「生命の欲望」であるとし、「敵」とは、私たち自身にひそむ本性であると喝破している。そして、「地球環境問題」も「先端医療」の問題も、その問題の本質は同じだと言っている。私たちが、生命に介入している仕方と、地球上の自然に介入している仕方は、非常によく似ており、この点に着目することで、直面する問題群の本質がいっきに見えてくると言う。

このように、「自然」と「生命」の問題は、人間の欲望に端を発する科学技術の倫理の問題であり、また文明の問題でもある。そして、人間の本性とは何かという考察を抜きには本質が見えてこない問題でもあるようだ。

私は、このような問題への解答は、「人間の無知」という大原則を基礎に組み立てるのが正しいと考えている。もしかすると、人間の無知の自覚は、自然や生命それ自体への畏敬という、近代人がしばらくの間忘れてしまっていた感情を呼び戻すきっかけを与えてくれるかもしれない。

注2　機械論とは、哲学者デカルト以来の西洋の二元論（精神と肉体・物体は全く別の実体であるとする思想）に基づく人間理解のあり方。デカルトによれば、身体は精神の入れ物であり単なる機械であると言う。

　自然や生命への科学技術による介入が、ともに人間の欲望に基づいているとするならば、人間の欲望と拮抗する感情を持つようになることが、人間の安全を確保するための道であるようにも思える。

　畏敬の対象には、人は一般的に欲望を持たない。そして、人間の無知の自覚が、生命を含む自然への畏敬の念を引き起こすきっかけになるならば、無知の自覚からスタートするあらゆる探究、とりわけ哲学・自然科学の探究は、自然の危機（環境問題）と生命の危機（先端医療の倫理問題）への根本的な態度変更をもたらすかもしれない。

　自然や生命体は、よりよく知れば知るほど、不可思議なものであり、深く学べば学ぶほど、自然に対する謙虚さを身につけることができるのではないだろうか。自然科学研究の意味は、技術を進展させることとともに、自然に対する謙虚さを学ぶことにも、その本質があると思われる。

■ 解答案；

　筆者によれば、環境破壊は、人間の「生命の欲望」そのものにひとつの原因があり、そこにテクノロジーが結びついて引き起こされたものである。つまり、人間本性が環境破壊の原因であるという。人間とは、必然的に周囲の環境を利用して生きていかなければばらない存在である。私も、筆者のこの分析に同意する。

　では、環境破壊の原因が、生命の欲望という人間の本性であるなら、いかにして、その進行を止めることができるだろうか。

　まず、第一には、人間の生産活動を制限するルールを構築しなければならない。しかし、人間の欲望を著しく制限するようなルールには実効性が期待できない。だから、欲望を原理とする市場の仕組みを上手く利用し、環境破壊を止めることが欲望の充足にな

るような制度を構築することが必要になるだろう。つまり、環境保護が得になるようなルールを構想することが求められてくる。

　そして、第二に、想像力をたくましくして、人間にとっての不都合な真実をすべて明確に理解したうえで、人類全員が共有できる倫理を構築することが必要になる。このためには、環境破壊も度を過ぎると、自らの欲望の充足を不可能にしてしまうという逆説を認識することが必要になる。つまり、倫理の構築には、環境に対する正しい知識を持つための地球規模での啓蒙活動が必要になってくるのであり、これは、共通ルールの構想の前提にもなるのである。(584字)

5　「個人主義」対「全体主義」

問題：次の文章を読み、後の設問に答えなさい。

　自己決定の権利は、理性的な決定に優先する。例えば理性的な判断では輸血が必要であるような症例で、患者が宗教上の理由で輸血を拒否した場合には、自己決定が優先する。したがって、自己決定の権利は「愚行の権利」であるとも言える。患者の意志が判明できない場合には、「当人にとって最大の利益になると理性的に判断されること」にしたがって決定する。しかし、植物状態が非常に長期にわたる場合など、種々の事情を考慮した上で、第三者の利益を基準とする功利的な決定が許される場合もある。

　①自己決定の行使は、他者への危害を含まないという原則に従わなければならない。②自己決定の対象は、その人の所有に帰するもの〔生命、身体〕でなければならない。これによって、①人工妊娠中絶、②重度障害児の生後の消極的安楽死、③成人の自己決定による安楽死、④脳死者からの臓器摘出が正当化される。しかし、この基準では臓器売買、代理母、利用を目的とした胎児出産などを禁止する根拠がない。そこで技術的に可能な行為を無制限に自己決定に委ねるならば、限りなく危険な文化を生み出してしまうという「すべり坂」理論と呼ばれる反発を招いてもいる。

(中略)

　自己決定権には、「たとえ当人にとって不合理な愚かな内容でも許す」という愚行権が含まれているが、これは経済的にゆとりのある社会状況でないと実行できない。輸血すれば救われるはずの患者が輸血を拒否するので、輸血をしないで治療しなければならないという例がある。これと反対の状況が、野戦病院であって、戦闘員として役立てるためには、もう生きていたくないという人でも生かした方がいい。生きていたくても、役にたたない人は切り捨てた方がいい。

　世界全体では、先進国の一人当りの医療費と開発途上国の医療費は極端に違っている。先進国で一人が使う最大の医療費と開発途上国の最低限度の場合と比較したら、気が遠くなるほどの違いになる。例えば日本では年間に一人で一億円の治療費の支給を保険から受ける人がいる。アフリカには百円の包帯を支給してもらえない子どもがいる。すると一人で百万人の治療費を使う人もいることになる。先進国の自己決定権は、ある意味では大変な贅沢でもある。

生命の保護をもっと全体的な視点から組み立て直すという地球全体主義の観点から配分を考えれば状況はずいぶん違ってくる。有名な言葉に「一人の人間の生命は地球よりも重い」というのがあるが、現実に地球よりも個人を重視することはできない。地球環境問題が厳しくなってきて、地球こそすべての生命の原点だという思想が、どうしても強くなる。そこでは地球という閉じた系でプラス（＋）、マイナス（－）の評価が下る。生態系は有限な空間であるから、資源の利用（＋）とは埋蔵物の減少（－）であり、不要物の廃棄（＋）とは公共空間への不法投棄（－）である。

　反対に生命倫理学では、個人が無限の空間で自由に自然を利用するという近代的人間観が底にある。だから個人は現在の他人に危害を及ぼさない限り何をしてもいい。個人の自己決定は理性的である必要は必ずしもないとされるのであるから、個人が治療の拒否など理性的にみたら愚かなことをする権利さえ認めるという方向にある。生命倫理と環境倫理の対立は、個人主義と全体主義との対立の現代版なのである。

［出典：加藤尚武『環境倫理学のすすめ』より］

　設問1　下線部の『「すべり坂」理論』とはどのような意味か、具体例を示しながら説明しなさい。（200字以内）

　設問2　ここで述べられている医療における「個人主義」と「全体主義」について説明し、両者の関係についてあなたの考えを述べなさい。（800字以内）

［東京医科歯科大学］

　課題文は、地球全体の生態系の維持を最大の原理とする環境倫理

の考え方と、個人の自己決定（自律）を原理とする生命倫理（医療倫理）の考え方の、根本的な対立関係を説明した文章である。

　この問題のポイントは、課題文の読解にある。課題文の趣旨をきちんと理解した上で、設問に答えないと、ちぐはぐな答案になってしまうので気をつけよう。趣旨を把握しやすくするために、簡単な要約を載せておくので参考にしてほしい。

【課題文の要約】

　自己決定原理は、人工妊娠中絶、安楽死、脳死臓器移植などを正当化する根拠になっている。一方、この原理においては、臓器売買や利用を目的とした胎児出産、輸血拒否なども認める根拠を見出せても、これらを規制する根拠は見出せない。つまり、自己決定原理は、不合理な愚行まで、個人の自由として認めてしまうのである。この自己決定原理には、経済的に豊かで、自由な決定が全体にマイナスの影響を与えない状況という前提が隠されている。しかし、地球全体主義の視点に立つならば、そのような前提は成り立たない（生命の保護をもっと全体的な視点から組み立て直すならば、自己決定原理に基づく医療行為であっても正当化されないこともある）。

設問 1 の解説

　この設問は易しい。すべり坂理論を定義すると、「物事が悪い方向へ進む可能性が高い様子を説明する理論」ということになるが、これを知らなくても、下線部を含む段落をまとめれば、答えはわかるようになっている。「具体例」も、「すべり坂」が何を意味してい

るか（喩えているか）がわかれば、いくつかは思いつくだろう。

　この段落をもう一度読んでみよう。まず、自己決定は、他者への危害を与えないことが原則になり、そこから、「①人工妊娠中絶、②重度障害児の生後の消極的安楽死、③成人の自己決定による安楽死、④脳死者からの臓器摘出、などが正当化される」という。しかし、「この基準では臓器売買、代理母、利用を目的とした胎児出産などを禁止する根拠がない」ので、「無制限に自己決定に委ねるならば、限りなく危険な文化を生み出してしまうという」反発を招いているという。

　下線を施した「限りなく危険な文化」の例が、その直前の「臓器売買、代理母、利用を目的とした胎児出産など」である。つまり、段落内①〜③のような行為の正当化は自己決定原理に基づいてなされるが、それを無制限に認めると、もっと危険な「臓器売買、代理母、利用を目的とした胎児出産」を認めてしまうことになり、ひいては、本人の同意がありさえすれば、人身売買さえ許されるという、最悪の事態に至る、という論理が、まさにすべり坂理論である。

■ **設問1の解答案：**

　「すべり坂」理論とは、ある小さな第一歩を認めると、容認しがたい最悪の事態につながっていってしまうということを、あたかもすべり坂を滑り落ちるような事態に喩えて述べた考え方である。そこでは、たとえば、安楽死という小さな殺人を認めることにより、殺人一般、ひいては最悪の殺人たるジェノサイドをも認めることにつながる、ゆえに、安楽死は認められるべきではない、というような論理展開がなされる。（190字）

　注意点を述べておこう。実は、すべり坂理論は、誤りである可能性が高い論証の一つといわれている。たとえば、明らかに誤りであるすべり坂理論のバリエーションとして、「ドミノ理論」というものがあった。これは、かつてのアメリカ合衆国の指導者が、ベトナム戦争の正当化のために用いた論法で、すべり坂理論と同様の効果を狙ったレトリック（説得技術）である。当時の政治家たちが主唱したこの理論は、「もし1つの国が共産主義に陥るならば、ドミノ倒しのごとく、次々と連鎖的に隣国が共産主義に陥り、世界全体が共産化してしまう」というものだったが、実際にはそうならなかった。

　「すべり坂」も「ドミノ」も、物事が悪い方向へ進む可能性が高いということを「比喩的」に説明するものにすぎない。その「比喩」が適切かどうかは、その都度、慎重に見極める必要がある。

■ 設問 2 の解説

　設問 2、医療における「個人主義」と「全体主義」について説明し、両者の関係についてあなたの考えを述べなさい、となっている。

　「個人主義」と「全体主義」のそれぞれについて説明するのは、比較的易しい。医療における個人主義は、自己決定原理を尊重する考え方であり、全体主義は、個人よりも地球全体からの決定を優先する思想で、自己決定よりも、環境や地球といった、全体のあり方を尊重する考え方である。

　一方、「両者の関係についてあなたの考えを述べなさい」の部分は、やや難しい。①「医療における個人主義」と「（地球）全体主義」の関係を説明するのか、②医療における「個人主義 vs 全体主義」を説明するのか、この設問だけからは解釈不能だが、この課題文の

中には、地球全体主義を具体的に説明している箇所はないので、②医療における「個人主義 vs 全体主義」を答える、という解釈をとるのが妥当であろう。

　「個人主義」と「全体主義」の関係を説明するには、自己決定を経た医療行為が、全体的観点からは、矛盾をはらむという事例について考えてみればよい。

　まず、課題文後半に、「日本では年間に一人で一億円の治療費の支給を保険から受ける人がいる」とある一方で、「アフリカには百円の包帯を支給してもらえない子どもがいる」という例が挙げられ、現実世界における矛盾が指摘されている。

　ほかにも、課題文にはない例であるが、たとえば、インドなど人口が急増する国で、産児制限のために（自己決定に反して）「中絶を強要すること」が、全体主義の観点からは容認されるというような事態が考えられるだろう。

　このように、自己決定やインフォームド・コンセントといった医療倫理の原理原則は、全体主義の観点からは否定されることもある。答案には、矛盾をどう評価すべきか、あるいは、どう解決すべきかについて書くことになる。もちろん、まだ誰もきちんとした答えを出せていない難問であるから、完璧な答えを出そうとしなくてもよい。「両者の関係」をきちんと説明し、その矛盾の解決がどのように難しいかを説明できれば、合格水準の答案と認めてよいだろう。

■ **設問 2 の解答案：**
　医療における「個人主義」とは、自己決定原理を尊重する考え方で、患者本人の決定が、たとえ傍から見て理性的と言えないものであっても、それを優先し尊重することを意味する。一方、「全

体主義」とは、自己決定よりも地球全体のあり方を尊重する考え方であり、生命の保護をもっと全体的な視点から組み立て直すという考え方につながる。

　医療においては、通常、個人主義を基礎にした自己決定原理が尊重されるが、このような個人主義に基づく医療のあり方に、全体主義的な考え方は、どのように関係するのだろうか。

　課題文にあるように、先進国では一億円かかる治療を受ける人がいる一方で、アフリカには百円の包帯を支給してもらえない子どもがいる。しかし、もしアフリカの人に先進国並みの医療を施そうとすれば、世界全体の医療水準を大幅に下げなければならないだろう。先進国の医療における自己決定は、多くの途上国の犠牲により成り立っているとも言え、個人主義の観点からは、そういった犠牲を今よりも少なくしようとする考え方は出てこない。

　また、インドや中国では、産児制限のために中絶を強要することが行われている。先進国では、女性の自己決定の考え方により中絶が容認されるが、反対に、途上国においては、生むことの自己決定が、全体的な視点から否定されている。ここでは、個人主義的な自己決定の否定が、全体主義の観点からは正義とされているのである。

　このように、個人主義の観点から正しいとされる医療上の自己決定は、全体主義的な観点からは矛盾を抱えている。この矛盾は、長期的には、医療の不平等の増大という形で露呈することになるだろう。この矛盾を解消するには、医療における自己決定に限界を定め、全体主義的な観点から、医療の全世界的な格差を是正するという困難な取り組みを進めなければならないだろう。

（761 字＋改行スペース）

6 動物保護と文化の相克

問題：次の文章を読み、以下の問に答えよ。

　和歌山県太地（たいじ）町のイルカ漁を描いた米国のドキュメンタリー映画「ザ・コーヴ」を見た。一部の「反日的」との抗議で一時は上映が危ぶまれた作品だ。鯨やイルカをめぐる欧米人の考え方を知りたいという思いからだったが、暗い気持ちになった。28 年ぶりの商業捕鯨解禁が幻に終わった 6 月の国際捕鯨委員会(IWC) 総会でも示されたように、対立は絶望的に根深い。しかし、偏狭なナショナリズムに走っても得るものはない。どんなに難しくても相互理解の道を探るべきだ。

　「ザ・コーヴ」は娯楽作品として見れば面白い。イルカが賢く愛すべき動物であることが強調され、元イルカ調教師が「イルカ解放」の戦士に転身した経緯が描かれる。この元調教師と監督らが太地町に乗り込みイルカ漁を隠し撮りするが、赤外線カメラで撮ったスパイ映画もどきの潜入シーンが続き、実際にイルカが殺される場面は意外に短い。

　一方、記録映画としては極めてお粗末と言わざるを得ない。水産庁には取材しているが、役場や漁業関係者のコメントは取らず、太地の捕鯨やイルカ漁をめぐる歴史的、社会的背景にも一切触れていない。エンディングでデビッド・ボウイの曲「ヒーローズ」が流れるが、彼らは悪と闘うヒーロー、つまり自分自身を撮りたかったのではないか。

　太地の人々は 400 年間、鯨を捕り続けてきた。現在も IWC の規制を受けない鯨種 (イルカを含む) の捕鯨が地場産業だ。伝統的な網捕り式捕鯨の発祥の地でもある。太地最後の古式捕鯨となった 1878(明治 11) 年の出来事を描いた小説がある。津本陽さんの直木賞受賞作「深重（じんじゅう）の海」だ。困窮した漁師たちが「子連れのセミクジラは狙うな」というタブーを犯して巨鯨に挑み、悪天候もあって遭難した。100 人以上が犠牲になった大惨事だ。

　民俗学者の谷川健一さんが編者を務めた資料集「鯨・イルカの民俗」には、こうした人間と鯨との壮絶な闘いと交流の記録が収められている。谷川さんは序文で「生きていくためには他の生命を奪わねばならず、それが痛苦をともなわずに済まないのは、あらゆる殺生行為につきまとう心情である」と書いている。捕鯨が盛んだった多くの土地には鯨の供養塔や鯨塚が残り、鯨を「エビス様」と崇拝した地域も多い。こうした風習は鯨への感謝と罪悪感を一体的に表現しているのだろう。

　鯨だけではない。宮沢賢治の童話「なめとこ山の熊」では、熊の気持ちを深く知る猟師が生活のため熊撃ちを続ける。最後は熊に不意を襲われて死ぬが、猟師は過去の殺生をわび、熊も「お前を殺すつもりはなかった」と謝罪して猟師を弔う。多くの狩猟民族が行う「熊送り」の儀式の裏返しだ。もちろん人間側の勝手な感情移入に過ぎない。しかし、少なくともそこには、殺す側と殺される側が交わる同一の地平があった。

　「殺すこと」と「食べること」を扱った別のドキュメンタリー映画がある。日本では 07 年に公開された「いのちの食べかた」だ。欧州各地で農畜産業や食品産業の現場を取材した作品だが、そこ

に登場する牛や豚、鶏らは何の感情も交えずに効率的に生産され、殺され、解体されていく。「ザ・コーヴ」と違い、音楽も語りもテロップも一切ない沈黙の世界だが、見ていて激しく心を揺さぶられる。このN.ゲイハルター監督(オーストリア人)は作品のホームページで語っている。「植物や動物も製品同様に扱われ、産業として機能していく。それをスキャンダラスと言うなら、僕たちの暮らし方もスキャンダラスということだ。この豊かで情け容赦ない効率化は、僕たちの社会と密接にかかわっている」。

「ザ・コーヴ」のパンフレットに小島孝夫・成城大文芸学部教授が書いている。「現代社会では生き物が食べ物になる過程自体がブラックボックス化」し、その過程に「無自覚で済む社会がつくりあげられている」。谷川さんが指摘した本来的な痛苦は忘れられ、自分は傷つかない特権的な場所で、絶対的な正義として自然保護や動物愛護が語られる。異文化に対する想像力の欠知も恐らく根は同じだ。

「ザ・コーヴ」の公開などを受け、国内には排外主義的なムードが漂っているように感じる。山田正彦農相はIWC閉幕後、捕鯨国だけを集めた別機関の設立を示唆した。しかし、対話の道を閉ざせば、相手をさらに独善に追いやる。むしろ私たち自身の鯨との関係も見つめ直しながら、根源的な議論を提起すべきだと思う。

[出典:2010年7月20日付、毎日新聞「記者の目」欄]

問:生き物が食べ物になるという問題について、自分の意見を述べよ。(600字以上800字以内で)

[京都府立大学]

　当然のことながら、イルカはクジラやウシ、ブタなどと同様、哺乳動物である。哺乳動物は、明らかに痛みを感じる能力を持っているように思われるし、その他のさまざまな感情すら、持っているように見える時もある。

　食肉用の動物は、食べるために必ず屠殺しなければならないが、文明社会に生きている我々の多くは、屠殺の現場からは遠く離れた、見えない場所で生きており、動物が殺される現場を見ることはない。

　そんな中、和歌山県太地町で行われているイルカの追い込み漁と捕獲後の屠殺方法は、一部の外国の動物愛護団体から「残酷である」と批判を浴び、課題文にあるような映画による告発までされて、和歌山県が公式に反論するなど、侃々諤々とした応酬にまでつながった。では、イルカ漁に反対する人・賛成する人の理由を、それぞれ見てみることにしよう。

◾ 反対派の主張（反対する理由）：

・イルカは哺乳類であり、痛みを感じる能力など人間に近い高等な能力を持っている。そのような動物を殺すのは、残酷であり、許すべきではない。
・イルカ肉以外にも食べるものがあるにもかかわらず、イルカを捕まえて食べるのは、明らかに　無駄である。
・イルカは、他の高等哺乳類と同様に、道徳的な配慮の対象にしなければならない。
・イルカの捕獲や屠殺の仕方が残酷である。
・イルカやクジラなどの海洋哺乳類は、世界的に捕獲を禁止する国が多い中で、日本だけが禁止をしないのはいけない。

■ 賛成派の主張（賛成する理由）：

・イルカ漁や食肉は太古から続く日本の文化であり、他国の食文化を基準にして批判するのは不当だ。
・欧米でも、牛を殺して食べる文化があり、そのことを棚上げにして、イルカ漁に反対することは矛盾している。
・イルカ漁で生計を立てている漁師がいる。それを禁止するのは、仕事を取り上げることであり、職業選択の自由を奪うことでもある。
・人は誰でも他の生き物の命をいただいて生きていかざるを得ない。

　上記、列挙した主張・理由は、すべてを網羅したものではなく、内容的に重複しているものもある。解答として書くときには、これら主張の中からできるだけ説得力のありそうなものをいくつかピックアップして、主張に対して想定される「反論」を意識しつつ、それに対して答えるように書くことが大切である。

■ 動物保護の根拠について考える

　イルカやクジラ漁については、日本は欧米から強い批判を受けることが多い。それに対しては、課題文の筆者も述べているように、「偏狭なナショナリズムに走っても得るものはない」。すなわち、文化の違いだから口を出すな、というだけではイルカ漁反対派、捕鯨反対派は納得しないだろう。
　実は、倫理学的には、動物保護（動物解放論）を論理的に否定するのは、なかなか厄介な作業である。「倫理の普遍性」、「遺伝上の

差異は差別の理由にならない」、「動物の痛みを感じる能力を認めること」、「動物と人間の決定的な差異はない」、「限界事例の人にも権利を認めるべきだ」など、各々ではほとんど否定しがたい命題をすべて受け入れてしまうと、論理的には「動物にも生きる権利がある」、「動物に危害を加えてはならない」という結論が導かれてしまうのである。

この最後の結論（動物に生きる権利がある）を否定しようとすると、それまでの前提となる命題のどれかを否定しなければならなくなる。しかし、それらの前提の否定は、文明的な生活をしている私たちにとって、極めて特異な主張になってしまうのである。

たとえば、「遺伝上の差異は差別の理由にならない」を否定すると、人種差別を認めることになってしまう。また、「限界事例の人にも権利を認めるべきだ」を否定するとなると、植物状態の人や、生後間もない赤ちゃんの権利を認めないということになってしまう。

しかし、一方で、功利主義者で動物解放論を唱えるピーター・シンガーのように、動物解放を整合的・論理的に主張しようとすると、「自己意識の全くなくなった人間より、健康な高等動物の方が、道徳的配慮に値する」というような結論を導き出さなければならなくなる。実際に、シンガーは、障害者団体からの強い批判を受けて、ドイツでの講演が中止に追い込まれているが、このような極端な主張をしなければ、動物保護・動物解放を論理的に徹底させることが難しいのは確かなのである。

このように、動物保護・動物解放に賛成の立場も、反対の立場も、理論的に徹底して自己の正当性を主張できる段階にはないというのが、穏当な結論である。

しかし、だからといって、現状維持を続けるのは、解決を先送り

するだけになりかねない。結局のところ、課題文の例にあるように、「鯨の供養塔や鯨塚」を作って「鯨への感謝と罪悪感を一体的に表現」したり、宮沢賢治の童話「なめとこ山の熊」のように、人間と動物を同じ立場においたりして、謙虚に人間としての罪、倫理的悪を自覚し続けるということしかないのかもしれない。

　スペインの闘牛は、世界に有名な独自の文化だが、これを「残虐だ」といって批判する人もいる。たしかにその側面はあるだろう。しかし、「鯨の供養塔」や「なめとこ山の熊」と共通するのは、闘牛が、「人間の謙虚さをあらわす儀式」でもあるということである。一対一で凶暴な牛と対峙する闘牛が示すものは、人間存在の小ささでもあるのだ。結局は、牛も人間も同じ動物であり、文明の利器がなければ、捕食し捕食される食物連鎖の中の一員にすぎない。これを常に思い出させてくれるのが、闘牛である。イルカ漁、クジラ漁も、闘牛と同じであるとは言えないだろうか。

■ 解答案：

　人間は生きるために人間以外の生き物を食べていかなければならず、食べることは、生き物を殺すことを意味する。生きるためには仕方がない、と割り切っても、殺さなくてもいい命を殺して食べるのは倫理に反する、という考え方には一理あることを認めざるを得ないだろう。課題文の「イルカ漁」をめぐる賛否両論は、まさに、他に食べ物があるときに、イルカなどの高等哺乳類を殺傷して食べてもよいのか、というテーマをめぐる倫理的な問題を突き付けている。

　たしかに、日本においては、イルカ肉以外にも食べるものが豊富にあり、漁師もイルカではない魚類の漁によって生計を立てる

道もないわけではないだろう。食文化や職業選択の自由といった価値は、これ自体としては、擁護すべきものであるが、あらゆる価値に優先するものではない。

　また、イルカは哺乳類であり、痛みを感じる能力など人間に近い高等な能力を持っている。原則としては、たしかに、そのような動物を殺すのは、残酷であり、許すべきではない。もしイルカ漁に反対する人が、同じ哺乳類の牛や豚を食べることすら、認めていないとするなら、彼らの主張は一貫しており、論理的には正しいと認めざるを得ない。

　しかし、それでも地球上の大半の人々は、哺乳類を殺して食べて生きている。これを全否定するのは、実効的でない上に、通常の生活を根本から変えなければならないという点において、倫理的でない可能性もある。したがって、私たちは、動物の無駄な殺傷をやめ、必要な分だけの生き物を食べることを旨とすることで、妥協しなければならない。人間は、仕方なくいただいた命への感謝の気持ちを持ち続けることで、食肉を謙虚に受け入れていくしか、人類全体として生きていく道はない。生き物を食べ物としなければならない人間に求められる最小限の倫理は、「無駄に食べるな」ということなのだと考える。(773 字＋改行スペース 4 字分)

第5章：クリティカルシンキング入門

■ メディアリテラシー / クリティカルシンキング

　疑う感性、冷静な分析、そして適切なコミュニケーション。これら３つのスキルのうち最後の「適切なコミュニケーションのスキル」は、実地での経験がものをいう領域にある。日頃から、どのようにしたら相手に意見が受け入れられるかを研究し、実際に試行錯誤を繰り返すことでしか身につけることができないスキルである。一方、前者２つのスキルは、日頃の学習や論文作成のトレーニングの中でも身につけることができる。

　報道や書かれてあることを鵜呑みにせず、その背景まで考慮に入れた読解を行う能力を「メディアリテラシー」という。そして、意見や論証を批判的に分析し、再構築する思考法を「クリティカルシンキング」（＝批判的思考、≒論理的思考）という。

　これらの能力を身につけることは、今後、難関の大学受験にトライする受験生にも広く求められることになるだろう。事実、これらの能力は、大学に入り社会に出てからも常に必要とされる能力なのである。これからの日本社会、すなわち既存の社会のあり方を常に批判的に見直していかなければならない社会においては、メディアリテラシーとクリティカルシンキングは、今まで以上に強く要請されるスキルとなるだろう。

　以上述べたような状況認識を踏まえ、この章では、メディアリテラシーを持つこととはどういうことか、クリティカルシンキングはどのようにするのかについて、基礎的なレクチャーを行うことにしようと思う。これらは従来、大学、とりわけ心理学や実用法学（ロー・スクール）、経営学（ビジネス・スクール）などの分野で研究や教

育が行われてきた分野であるが、今後は時代の要請を踏まえて、難関大学や医学部入試の小論文試験・総合試験などにおいても積極的に取り入れられてくることが予想される。

■ 相関関係と因果関係

1 朝食と成績の関係

問題⑴：次の説明文を批判的に検証しなさい。

　朝食を食べることとテストの結果を比べてみると、明らかに一定の関係があることがわかる。朝食を「必ず取る」子は、平均512点であるのに対し、「たいてい取る」子は、平均484点、「取らないことが多い」子は463点、「全くまたはほとんど取らない」子は451点であった。しかも、国語、数学、理科、社会、英語、すべての教科において同じような関係がみられる。したがって、朝ごはんを食べることによって成績が上がるということは明白である。

問題⑵：次の説明文を批判的に検証しなさい。

　戦後の少年非行の増加は、ハンバーガーなどファストフードの消費量の増加とほぼ同形のグラフを描いている。したがって、ファストフードのような栄養過多な食生活が、若者の凶悪性に何らかの影響を与えていることは明らかである。

■ 問題の解説

　前の問題の説明文を皆さんはどう読んだだろうか。このような説明文は、テレビや新聞の報道でもよく見かけるだろうし、一見するととくに著しい違和感があるわけでもない。

　問題(1)の文は、文部科学省が食育のキャンペーンのために作成したポスターの表記を文章に直したものである。さて、これのどこかに問題があるのだろうか。それを読み解くことができれば、あなたのメディアリテラシーは、スタートラインとしては合格点だ。

　下線部を見てみよう。「朝ごはんを食べることによって成績が上がる」とあるが、常識的に考えて、朝ごはんを食べただけでは、成績は上がらない。朝ごはんで成績が良くなるなら、学校も塾もいらないだろう。

　では、なぜきれいな相関関係がみられるのか、という疑問についてはどうだろうか。それについては、「相関関係」（相互に関係があること）と「因果関係」（原因と結果の関係があること）は別だということを覚えておいてほしい。

　問題(1)の例は、朝食をきちんと食べるような規則正しい生活をする家庭の子は、生活態度が良く、勉強時間を多く取ることができたり、集中力があったりする、という事実をあらわしたものにすぎない可能性が高い。もちろん、これとて、単なる推定だが、朝ごはんを食べること（原因）によって、成績が上がる（結果）という因果関係を指摘するには、もっともっと多くのことを調べる必要があるのだ。この例には、正の相関関係が存在するが、おそらくそれは因果関係ではない。

　次に問題(2)の例はどうだろうか。こちらには、問題(1)よりももっと重大な問題がある。ハンバーガーの消費量は、たしかに事実として増えているのかもしれない。しかし、この例の指摘する相関関係は、たんなる見せかけ上のものである可能性が高い。テレビの普及率、自動車の普及率、パソコンの普及率、これらいずれも戦後増加したものだが、同様のものは他にも数限りなく存在する。たとえば、紙おむつ、トイレット・ロール・ペーパー、清涼飲料水自動販売機の設置台数…。これらすべてが相関関係を持つ「可能性」はあるが、おそらくほとんどゼロに近いだろう。ハンバーガーに少年非行をもたらすパワーがあると言われても、あまり信じる気にはなれない。

　比較的低所得層がハンバーガーを多く消費するという事実は、アメリカなどでも指摘されており、それが肥満や成人病を引き起こす原因となっているという報告があるが、こちらの説明にはまだ信頼できる要素がある。食べ物と身体の健康には直接の因果関係があることは明白だからだ。しかし、少年非行となると、高カロリー食と凶暴性の関係を立証するのは難しい。

2　原子力発電所より自動車の方が危険か

　では次に、やや込み入った議論を読んで、メディアリテラシーとクリティカルシンキングをトレーニングしてみることにしよう。

> **問題：**文章を読んで、以下の問いに答えなさい。
>
> 　きのう大江健三郎氏などが記者会見し、「停止している原発を再稼働するな」と訴えた。

「経済生活の立て直しは、たしかに緊急の課題ですが、そのために原発の再稼働が必要であるという見解が示されていることに、わたしたちは非常に危惧を覚えます。はたして、経済活動は生命の危機より優先されるべきものなのでしょうか。」（発言引用：大江氏）

　「経済活動より生命を優先」するなら、大江氏はなぜ自動車の禁止を主張しないのだろうか。福島事故で放射能で死んだ人は1人もいないが、自動車は確実に毎年 5000 人を殺す。ノーベル賞の権威と「経済的合理性や生産性ばかりにとらわれない理念」をもって、自動車の全面禁止に立ち上がってほしいものだ。

　またタバコによって毎年 11 万人以上が死んでいる。小宮山厚労相は「タバコの価格を 700 円にする」という目標を発表したが、財務省は抵抗している。実害のほとんど出ていない原発に騒ぐより、厚労相を応援してはどうだろうか。

　大江氏には理解できないだろうが、世の中は経済と生命のトレードオフで動いているのだ。リスクをゼロにするには、自動車も飛行機も酒もタバコも禁止し、石炭火力も石油火力も止めなければならない。原発をこのまま止め続けたら、毎年数兆円の損害が出て企業は海外逃避する。それによって日本は貧しくなり、若者の負担は大きくなる。＜以下省略＞

[出典：2011 年 09 月 07 日付、池田信夫氏の記事「さようなら
　　大江健三郎」の一部『言論プラットフォームアゴラ』
　　http://agora-web.jp/archives/1378824.html]

問 1：著者が大江健三郎批判を通して訴えている主張はなにか。

簡単にまとめなさい。

問 2 ：著者の大江氏批判の根拠となっている本文中の箇所を指摘
　　　し、その論証の正しさを検討しなさい。

問 3 ：上での検討を踏まえ、著者の主張に対する自分の意見を述
　　　べなさい。（字数は 600 字以内）

■ 問 1 ：著者の主張を読み解く

　著者（池田氏）の主張を見つけてみよう。この文章は、感情的な
言葉も散りばめられた「論争的な随筆」の類であり、厳密な論文で
はないが、いちおう、主張（意見）と論証にあたる部分を見出すこ
とができる。ただ、はっきりとしたかたちでは見えにくいので、背
景や隠れた前提を補いつつ考えていくことにしよう。

　最初に、この文章が、大江氏への批判文であるということを踏ま
え、先に大江氏の主張を把握することから始める。

　まず大江氏は、「はたして、経済活動は生命の危機より優先され
るべきものなのでしょうか」と、反語で意見を述べている。その前
の「原発を再稼働するな」という文とあわせて考えると、大江氏
が、「原発を再稼働＝経済活動を優先＝生命の危機」ととらえてい
ることは明らかである。それから、明示されてはいないが、「生命
は重要である」という大前提を踏まえていることも理解できるだろ
う。したがって、大江氏は、「原発再稼働は生命を危機にさらすから、
再稼働してはいけない」という主張を行っている。

　一方、池田氏の主張は、明示的には、「世の中は経済と生命のトレー
ドオフで動いているのだ」、「原発をこのまま止め続けたら、…日本
は貧しくなり、若者の負担は大きくなる」という部分に表現されて

いる。

　また、「世の中は経済と生命のトレードオフで動いているのだ」という主張を前提にして考えれば、池田氏は「（失われる）生命の重さと経済的損失とのバランスが重要である」と考えていることは容易に理解できる（「生命は重要である」という命題それ自体を否定することはないとしても）。

　そして、著者の結論としての主張は、「生命のリスクが少ない現状を踏まえれば、経済活動を優先すべきだ、原発を再稼働した方が良い」ということになる。

> ■ **解答案：**
> 　世の中は経済と生命のトレードオフで成り立っており、生命を重視しすぎると経済停滞を招く。よって、自動車やタバコよりリスクの少ない原発は再稼働すべきである。さもなければ、経済的損失は大きくなり若者の負担が過大になる。

■ 問2：論証の正しさの検討①

　論証の正しさは、前提となる事実や主張【根拠】の正しさ、最終的な主張【結論】の導出方法の妥当性、これら2つの点から判断するのが正しいやり方である。たとえば、以下の論証を見てほしい。

［論証1］
・前提1：ヤマザキ先生は猫を飼っている。
・前提2：猫は哺乳類である。
・結論：ヤマザキ先生は哺乳類を飼っている。
［論証2］

・前提 1：ヤマザキ先生は哺乳類を飼っている。

・前提 2：猫は哺乳類である。

・結論：ヤマザキ先生は猫を飼っている。

［論証 3］

・前提 1：ヤマザキ先生は犬である。

・前提 2：犬は哺乳類である。

・結論：ヤマザキ先生は哺乳類である。

　まず、［論証 1］については、それぞれの主張（前提 1、前提 2）は正しいように思われる。前提 1 の「ヤマザキ先生は猫を飼っている」は、事実を見てみなければその真偽はわからないのだが、仮に正しい主張だとするならば、前提 2 の「猫は哺乳類である」も真なる主張であり、自動的に結論も正しいものであることがわかる。

　次に［論証 2］であるが、前提 1、前提 2 のそれぞれの主張が正しいとしても、それらから導出される結論が正しくない。たとえば、ヤマザキ先生が犬を飼っていることもありうるからである。この論証は、妥当な論証になっていない。

　そして、［論証 3］については、前提 1 が見るからに変だ。「先生」と呼ばれるものはすべて人であるはずだからだ。しかし、仮にヤマザキ先生という名前の犬がいるとすれば、この前提は正しい主張であることになるから、結論も正しい。

　このように、前提となる各主張の正しさと、結論の導き方そのもの（演繹的推論）の正しさとは、全く別の事柄であるということがわかっただろうか。クリティカルシンキングにおいては、それぞれの正しさをよく検証しなければならない。

▆ 問2：論証の正しさの検討②

　さて、池田氏による大江氏への批判の検討を始める。大江氏は、おおむね以下のような主張と推論を行っている。

［論証A］

・前提1：原発には［生命への］リスクがある。

・前提2：生命は経済［＝原発再稼働］よりも重要である。

・結論：原発は廃止すべきである。

　これに対して池田氏は、大江氏の主張が成り立つのならば、以下の論証も成り立つだろうと仮定し、大江氏の矛盾を指摘する。

［論証B］

・前提1：自動車にはリスクがある。

・前提2：生命は経済よりも重要である。

・結論：自動車は廃止すべきである。

　⇒しかし、大江氏はこの論証を否定するだろう。

［論証C］

・前提1：タバコにはリスクがある。

・前提2：生命は経済よりも重要である。

・結論：タバコは廃止すべきである。

　⇒しかし、大江氏はこの論証も否定するだろう。

　こうして池田氏は、大江氏が［論証B］と［論証C］を否定しつつ［論証A］を肯定することは矛盾していると考える。原発よりもずっとリスクの大きいものがあるのだから、リスクの小さい原発だけをやり玉に挙げて廃止を叫ぶのは、恣意的である。そして、大江氏の主張（論証）の中には、どこかに誤りがあるはずだと考えるの

である。
　そこで、池田氏は、[論証 D] として表現できる主張を行う。

[論証 D]
・前提 1：原発に大きなリスクはない。
・前提 2：生命と経済はトレードオフである。
・結論：経済を重視 [原発を再稼働] しても差し支えない。
　池田氏は、大江氏の主張「原発にはリスクがある」([論証 A] の
前提 1) が誤っている、あるいは言い過ぎであると判断し、原発に
大きなリスクはないと判断する。また、前提 2「生命は経済よりも
重要である」という主張を退け、「生命と経済はトレードオフである」
という意見を述べる。そうすると、経済を追求して原発を再稼働さ
せても、自動車やタバコほどの甚大な影響を生命に与えないという
ことになるから「原発を再稼働すべし」という結論が出てくるので
ある。原発を再稼働しても死人が一人出るか出ないかのレベルなの
だから、原発を停止したままにして雇用を減らし経済を停滞させる
よりも、稼働させた方が相対的に正しいと言いたいのだ。

■ 問 2：論証の正しさの検討③

　さて、池田氏の大江氏批判は、正しいのだろうか。そして、池田
氏自身の論証は、妥当な論証になっているだろうか。結論からいえ
ば、この批判論証には多くの難点があるのである。
　まず、「原発にはリスクがある」ことと、「自動車にはリスクがあ
る」「タバコにはリスクがある」ことについて、「リスク」という言
葉の異なる意味を混同している。

自動車事故のリスクと喫煙のリスクは、個人の努力によってほぼゼロにすることが可能なリスクである。自動車事故のリスクを避ける方法は、自動車を運転しないとか、乗らないとか、ガードレールのない道路は歩かないようにするとか、いくらでもある。また、タバコにしても、喫煙を避けたり、喫煙者と同じ場所にいないようにしたり、こちらもリスクを極小化する手立てはいくらでもある。しかも、自助努力によって低減化が可能なリスクなのである。

　一方の原子力発電所のリスクは、個人の努力によって避けることがきわめて困難なリスクである。原発事故は、100年に1度しか起きないかもしれないし、たまたま死者は出ていないかもしれないが、一度起きたら確実に広い範囲に及ぶ甚大な健康被害や経済的損失を生む。しかも、それを自助努力によって避ける方法は、操業を停止する以外になく、さらに、停止後の燃料処理の問題も残される。

　したがって、自動車事故で年間5,000人が亡くなっている事実があるとしても、原発事故のリスクの何千倍云々である、というような比較が成り立つことはないのである。カテゴリーの異なるリスクを比較しても意味がない。

　それから、池田氏が、リスクの算定を「死者数」のみで行っているのも視野が狭い。それぞれの例（原発、自動車、タバコ）には、健康被害やそれ自身を原因とする経済的損失のリスクもある。それらを無視して、単純な人数比較のみでリスクを云々するのは、恣意的な印象操作である。

　また、数による比較が、倫理的・道徳的に妥当かどうかにも大きな疑問がある。死者が1人の場合と5,000人の場合のどちらがより道徳的にましであるか、という問題については、実は単純に割り切れるような解答はない。5,000人が死ぬよりも1人が死ぬほう

が良いと言い切れるのは、素朴な功利主義（単なる数量で幸福度＝善悪を測る考え方）を採用した場合に限られる。池田氏は経済学者だから、功利主義の考え方を採用するのは理解できるが、功利主義に対しては、Ｊ・ロールズやＭ・サンデルをはじめとする政治哲学者・倫理学者らによる強力な反論が存在している。

　さらには、池田氏の言う「生命と経済はトレードオフ」という主張は、その命題そのものが成り立たない可能性が大いにありうる。たとえば、ヨーロッパの自然エネルギー事情を参照すれば、原発を稼働させずに、自然エネルギーを中心として発電をまかない、経済成長を維持することも不可能であるとは言い切れない。たしかに、すぐに「実現」するのは難しいかもしれないが、中長期的には不可能ではないだろう。

問2：論証の正しさの検討＜まとめ＞

　繰り返しになるが、論証の正しさは、「前提となっている事実や主張」、「推論された結論」の正しさで判定する。

　それから、基本的な言葉の意味を明確にし、出来ればきちんと定義しておくことも重要である。例えば、同じ「リスク」という言葉でも、前記のようなさまざまなカテゴリーのリスクがあり、それらは同列に扱うことはできない。

　また、前提（根拠）となる主張には、確実な事実や根本的なテーゼ（人命は大切だ、など誰でも肯定できるような原理や原則）を用いることが大切だが、特に事実関係の正しさについては十分な配慮が必要である。事実関係の認定に齟齬があれば、当然そこから導き出される結論も異なってしまう。言葉を明確に定義し、正しい前提

から、妥当な論証を行って結論を導き出すこと。これを常に心がけるようにしよう。

■ 問3：自身の意見を書く

■ 解答案：

　著者は、原発事故が、直接の死者を出していないことから大きなリスクはないとする。そして、毎年何万人もの死因となっている自動車事故や喫煙と比べれば原発は安全だとし、原発停止による経済的損失も大きいから、稼働させたほうがよいと述べる。

　しかし、著者の議論は誤っている。第一に、原発のリスクと自動車事故や喫煙のリスクは、同じ基準で比較できない。自動車事故と喫煙のリスクは、個人の努力によって避けることが可能であるが、原発事故のリスクは、個人の努力によっては避けることができない。また、原発事故は一度起きると確実に甚大な被害を生み、負の影響が数世紀に渡って残ることになる。

　第二に、著者は、死者を出していないことを根拠に原発は安全だとするが、健康被害や事故に起因する経済損失も巨大なものである。これを無視して、単純な死者数だけで安全性を比較するのは、恣意的な議論だと言わざるをえない。

　第三に、著者の言う「生命と経済はトレードオフ」という前提自体が誤っている。経済を維持するために必ず人命が失われる制度があるとすれば、それは倫理的に許されるものではなく、経済と生命の両立は、制度設計と運用次第で可能なはずだ。

　このように、著者による大江氏の批判と原発容認の主張は、言葉の意味を不明確なまま議論をする誤謬を犯しており、また前提となる意見も倫理的に許容できるものではない。(575字)

第６章：心理学

この章では、課題文が英文の小論文問題を扱ってみよう。テーマは、医学・医療と深いつながりを持つ「心理学」に関する問題である。

1 ハロー効果という認知バイアス

問題：

次の英文を読み、以下の設問に答えなさい。

[1] If you like the president's politics, you probably like his voice and his appearance as well. The tendency to like (or dislike) everything about a person — including things you have not observed — is known as the halo*1 effect. The term has been in use in psychology for a century, but it has not come into wide use in everyday language. This is a pity, because the halo effect is a good name for a common bias*2 that plays a large role in shaping our view of people and situations.

[2] You meet a woman named Joan at a party and find her friendly and easy to talk to. Now her name comes up as someone who could be asked to contribute to a charity. What do you know about Joan's generosity? The correct answer is that you know virtually nothing, because there is little reason to believe that people who are easy to talk to in social

situations are also generous contributors to charities. But you like Joan and you will remember the feeling of liking her when you think of her. You also like generosity and generous people. By association, you are now likely to believe that Joan is generous. And now that you believe she is generous, you probably like Joan even better than you did earlier, because you have added generosity to her pleasant characteristics.

[3] Real evidence of generosity is missing in ①the story of Joan, and the gap is filled by a guess that fits one's emotional response to her. In other situations, evidence piles up gradually and one's judgement is shaped by the emotion attached to the first impression. The halo effect increases the weight of the first impression, sometimes to the point that subsequent information is mostly wasted.

[4] Early in my career as a professor, I graded students' essay exams*3 in ②the conventional way. I would pick up essays of one student at a time and read all the essays in immediate succession, grading them as I went. I would then calculate the total and go on to the next student. I eventually noticed that my evaluations of the essays were extremely consistent. I began to suspect that my grading exhibited a halo effect, and that the first question I scored had an excessive effect on the overall grade. The mechanism was simple: if I had given a high score to the first essay, I gave the student the benefit of the doubt whenever I encountered a vague or ambiguous*4 statement later on. This seemed reasonable. Surely a student

who had done so well on the first essay would not make a foolish mistake in the second one! But there was a serious problem with my way of doing things. If a student had written two essays, one strong and one weak, I would end up with different final grades depending on which essay I read first. I had told the students that the two essays had equal weight, but that was not true: the first one had a much greater impact on the final grade than the second. This was unacceptable.

[5] ③I adopted a new procedure. Instead of reading the essays in sequence, I read and scored all the students' answers to the first question, then went on to the next one. I made sure to write all the scores on the back of the sheets so that I would not be biased (even unconsciously) when I read the second essay. Soon after switching to the new method, I made a disturbing observation: my confidence in my grading was now much lower than it had been. The reason was that I frequently experienced a discomfort that was new to me. When I was disappointed with a student's second essay and went to the back page of the answer sheet to enter a poor grade, I occasionally discovered that I had given a top grade to the same student's first essay. I also noticed that I was tempted to reduce the difference by changing the grade that I had not yet written down, and found it hard follow the simple rule of never yielding to that temptation. My grades for the essays of a single student often varied over a considerable range. The lack of consistency left me uncertain and frustrated.

［出典：Daniel Kahneman, Thinking Fast and Slow, Penguin Books (2012) p.82-84 より抜粋及び一部改変］

＊1　halo：後光、聖像の光背や光輪

＊2　bias：先入観（を与える）

＊3　essay exams：論述式の試験

＊4　ambiguous：2つ以上の意味にとれる、あいまいな

問：本文で述べられていること以外、どのような場合に halo effect が介在するだろうか。また、その場合、halo effect の介在を防ぐにはどのようにすればよいだろうか。具体的な例を考え、300字以内の日本語で書きなさい。

注：試験時間は120分間で2問、段落番号は解説のためにあとから付け加えたもので、もとの問題文にはない。

［産業医科大学（医学部）推薦入試］

　産業医科大学らしい出題である。産業医は、企業や官公庁などで働く人たちの心身の健康のために奉仕する医師である。最近の企業では、シビアな労働環境や人間関係から、心身の不調を来す人が増えている。そのような中で働くビジネスパーソンを診ることになる産業医にとっては、医学・医療の知識のみならず、隣接する学問分野の知識や教養も必要になってくる。代表的なものが心理学である。

　とはいえ、産業医を志望する学生だけでなく、他の様々な分野に進もうとする人にとっても、心理学は、現代の必須の教養となりつつある。少なくとも、知っていて損はない知識であるから、前記の大学志望者でなくとも、しっかりと取り組んでおくとよいだろう。

なお、出典は、2002年にノーベル経済学賞を受賞した「心理学者」、ダニエル・カーネマンの著書 "Thinking Fast and Slow"。『ファスト＆スロー／あなたの意思はどのように決まるか？』というタイトルの2巻本で、早川書房から邦訳も出版されている。

　人間の認知におけるバイアス（先入見）の一つ、「ハロー効果」を説明した文章である。訳文は、次のページに筆者（原田）の私訳を載せておいたので、参考にしてほしい。なお、英語の原文も、難度の高いものではないので、ぜひトレーニングとして読んでおきたい。

■ 問の解答案

　たとえば、釣り人に優しくされた経験があり、「釣り好きはいい人だ」と信じるようになった人がいたとする。その人は、ある釣り人が、帰りの荷物を軽くしたいだけの理由で、釣った魚を海に返した場面を見ることにより、「やはり釣り好きはいい人だ」と確信するかもしれない。

　このようなハロー効果の介在を防ぐためには、まず人間の認知には必ずバイアスがつきまとうことを知らなければならない。その上で、自分の最初の感覚や判断が、偶然なのか、そうでないかを反省する「心の余裕」が必要となる。たまに立ち止まって、自らの判断を顧みる余裕を持てるならば、ハロー効果は防げるようになるだろう。（280字、改行の空欄を除く）

　「釣り好きに悪い人はいない」などと言われるが、ある趣味を持つことと、その人物評価が、単純に結びつけられることは多い。このような画一的な認知を、バイアスという。

この問題においては、数ある人間のバイアスのうち、最初の経験における特徴的な感情や感覚、判断などが「後光」のような効果を発揮し、その後の似たような状況の判断に影響を与える「ハロー効果」についての適切な例を答える必要がある。

なお、以上の例のような、人間の人物・能力評価以外でも、物事などについてのハロー効果もあるだろう。たまたま自分が見た映画がつまらないものだったために、「映画はつまらないものだ」と全体的評価をしてしまうような場合である。

探せばいろいろと見つかるはずだ。解答案はあくまで一例に過ぎない。自分で経験を振り返り、さまざまな例を見つけ出してみよう。

📘 日本語訳：

[1] もしあなたが大統領の政治手法を好ましく思っているとしたら、大統領の声や容姿も同様に好ましく思っている可能性が高い。自分の目で確かめたこともないのに、ある人物についてのすべてを、好ましく思う（あるいは好ましく思わない）という傾向は、「ハロー効果（後光効果）」として知られている。この用語は、心理学において100年ほど前から使われてきたが、日常言語として広く使われるには至らなかった。これは残念なことである。というのも、ハロー効果は、人物やものごとについての見方を決定するのに重要な役割を演じる「先入見」（よく見られるバイアス）を表すのに、とてもよいネーミングだからである。

[2] 仮に、あなたが、パーティーでジョーンという女性に出会い、彼女はフレンドリーで「話しかけやすい人物」だと思ったとする。さて、今度は、チャリティー募金を頼みやすい、「気前の良い人物」として、ジョーンの名前が思い浮かぶようになる。しかし、彼女

の「気前の良さ」について、あなたはどうやって知ったのだろうか？ 実際には、「彼女が気前の良い人どうかについては何もわからない」というのが正確な答えであるはずだ。なぜなら、社交の場で話しかけやすい人が、「チャリティー募金にも気前よく協力する」と信じるべき理由はほとんどないからである。しかし、あなたはジョーンを好ましく思っており、彼女のことを思い出すときに、その好意の感情をも一緒に思い出すのである。あなたはまた、気前の良さを好み、気前の良い人を好んでいるとしよう。連想によって、あなたは、ジョーンを「気前が良い」と信じるようになる可能性が高い。こうして、いまやあなたは、彼女は気前が良いと信じており、以前よりもずっとジョーンのことを好ましく思うようになるのである。あなたは彼女の好ましい性格の上に、「気前の良さ」という好ましさを付け加えたのだ。

[3] この①ジョーンの話においては、彼女の気前の良さを示す本当の証拠は、どこにも見当たらない。このギャップを埋めているのは、あなたのジョーンにたいする感情の反応にフィットするような「憶測」にすぎないのである。別の場合について考えてみよう。ある状況に関する証拠が徐々につみあがっていくと、その状況下の個人の判断は、ある状況の第一印象に付着している感情によって形成されるようになる。ハロー効果によって、第一印象の重みが増し、後に続く情報は、ほとんど無視されるまでに至ることすらある。

[4] 大学教授になりたての頃、私は学生の論文試験の答案を、②ありきたりなやり方で採点していた。学生一人ひとりにつき、その学生の書いた複数の論文すべてに一度で目を通し、それらの論文に点数を付ける。そして、合計点数を計算し、次の学生の一連

174

の論文に目を通す。徐々に、私は、自分の評価の仕方が、（同じ学生に対して）極端に一貫していることに気付くようになった。私の評価は、「ハロー効果」の影響を受けているのではないかと、そして、最初の論文に付けた私の評価は、（全論文の評価という）総合点に、行き過ぎた影響を与えているのではないかと、疑い始めた。このメカニズムは、シンプルである。すなわち、採点をするとき、最初の論文を高く評価すると、次の論文で、わかりにくくあいまいなことが述べられていても、よい評価をしてしまいがちになる。たしかに、これは、理にかなっているようにも見える。最初の論文がよく書けていれば、次で愚かなミスをするとは考えないだろう。しかし、私のやり方には深刻な問題があったのである。二本の論文を学生が書いたとしよう。そして一方の出来が良く、もう一方は不出来だったとする。こうした場合、最終的な合計点は、私がどちらの論文を先に読むかによって変わってしまうだろう。私は「二本の論文はどちらも同じ重みで評価する」と学生に話していたが、そうではなかった。つまり、最終的な論文の評価においては、最初の論文の成績は、二本目の論文の成績よりもずっと大きなインパクトを持つことになるのである。こういったやり方を、受け入れることはできない。

[5] そこで、③私は新しい採点の手続きを導入した。一人の学生の論文を立て続けに読むことはせず、まず、学生全員分につき、最初の論文を読んで採点し、その後、全員の二本目の論文を読んで採点するのである。そのとき注意したのは、採点した点数は表紙の裏側に記入することで、二本目の論文を読む段になって、すでに付けた点数に（たとえ無意識にであっても）惑わされないようにすることである。新しいやり方に切り替えてまもなく、衝撃

的な結果を見ることになった。私は、自分の採点結果にすっかり自信が持てなくなっていた。というのも、今までに感じたことのないような居心地の悪さを頻繁に感じるようになったからである。ある学生の二本目の論文に失望して、表紙の裏側に悪い点数を書き込もうとすると、一本目には最高点を付けていた、などということが頻繁に起こった。また、二つ目の点数を書き込むときに、一本目の評価との差が開きすぎないようにと、点数を変えたくなる誘惑に駆られることもあった。そのような誘惑に負けてはならないという単純なルールに従うことさえ、難しく思われた。こうして、論文試験における私の採点結果は、一人の学生の点数が課題ごとに大幅に異なる、ということが頻発するようになったのである。この一貫性のなさは、私を不安にし、フラストレーションが溜まるようになった。

2 内的権威をみがく

問題：以下はある心理学者が書いた文章である。これを読んで下記の設問に答えなさい。

日米の文化の比較研究がいろいろ行なわれるが、そのなかで次のようなことがあった。たとえば「勇気」とか「優美」などのような単語について、どの程度好ましいと感じるか、好ましくないと感じるか、という調査をしたが、日米で評価が逆転する語があっ

た。それが「権威」(authority) という単語で、米国では好ましい感じの語とされるのに対して、日本では好ましくない感じの語とされるのである。

日本人は権力ということを嫌うあまり、権威アレルギーと言ってもいいほどの傾向があるように思われる。権力と権威とは区別して考えた方がいいと思うのだが、両方ごっちゃにして嫌い―というのが日本人の在り方である。これに対して、アメリカでは権威というのは、その道に関してのオーソリティであり頼り甲斐のある存在というイメージがあって、「好ましい」感じを与えるのである。

他がどう見るかはともかく、自分が「権威者である」と思うことは、自分がエラクなった気がするであろう。エライ自分を守るために権力を使いたくなる人が多いのも、当然と言える。卑近な例をあげると、中学校の先生は生徒に対して、自分が教える教科については「権威者」であるべきと思われている。ところで、生徒の誰かが質問をして、その考え方が意表をついているため、教師が困ってしまうときがある。そんなときに、「馬鹿な質問をするな」と頭ごなしにそれを無視しようとすると、生徒は黙ってしまうかも知れない。このとき、教師は権力によって自分の権威を守ったつもりでいるのだが、生徒からすれば、教師の権威が失墜したことは明瞭なのである。

このようなとき、まず、教師として持っている権力を棄ててかかることが大切だ。権力を行使せずにそれに当るとすると、どんな結果が生じるだろう。「君の質問は面白いが、今すぐには答えられない。来週までに考えてくる」と言って、次週にそれなりの答をすると、権力を行使することなく、自分の権威を守ったこと

になるし、ひょっとして、その権威は高まったことになるかも知れない。しかし、権力を行使してその場をごまかしてしまうよりは、後で自分なりに調べたりする方が労力が必要である。このような労力を惜しまないことによって得た権威は、自分の身についたものとして、他人に奪われることがないのである。

「君の質問は面白いな、またこの次にでも考えよう」と言っておきながら、そのままで放ってしまう教師は、権力も行使しなかった代わりに権威の方も落としてしまう。「権力を棄てること」に意識的な教師は、それをするだけでよしとして後の努力を怠ると、権威の方があやしくなってくる。権威は努力によって「磨かれる」もので、安易に手に入れることが出来ないものである。

ここに述べたことは、親と子の場合にも、上司と部下の場合にも当てはまる。内的権威の特徴は、いつ誰によっても奪われることがない点にある。いかに強力な権力も時によって、実にあっけなく奪われることは、最近の世界の出来事を見ていてもよくわかる。

しかし、いったん、権力を手に入れてそれに安住し始めると、その味はなかなか忘れられない。権力者の周囲で甘い汁を吸う人はいつも沢山いるので、何だかいつもいつも自分ほどエライ人はないような気分にさせられ、権威者であるような錯覚を起こしてしまう。ところが、その人を崇めているかのように見える人々のほとんどは、その権威などまったく認めておらず、単に利益のために権力に奉仕しているだけなのである。

このようなことにならないためには、権力を持った人が、時にそれを棄ててみる。あるいは自分を守るための権力の行使をやめてみる。そのことによって、自分の内的権威が磨かれるのを感じ

るだろう。もちろん、これは生やさしいことではなく、努力を要するものであるが。

　自分は権力などに関心がないとか、大嫌いという人はあんがい多い。そして、権力とともに権威まで棄てようとするために、自分の存在を失って不安になっている。その不安を解消するために、急に妙なところで権威者ぶろうとしたり、権力にひそかにしがみついたりしている人は実に多いものである。そんなに面倒くさいことはやめにして、人間は自分の存在を支えるもののひとつとして、内的権威が必要であることを認め、それをいかにして磨いてゆくかを考えた方が、効果的であるし、近所迷惑も少ないように思う。

　権力の座に居る人は、自分が権力と無関係な内的権威をどの程度持っているか、時に考えてみるのもいいだろう。

［出典：『こころの処方箋』河合隼雄著　新潮社 (1998)　186 〜 189 頁より］

問：医師として「内的権威を磨く」ことについて、あなたの考えを 600 字以内で述べなさい。

［産業医科大学］

　同じく産業医科大学の問題である。この問題は、解答案のみを載せておく。

■ 解答案

　課題文の筆者によれば、内的権威は、権力とは異なり、いつ誰にも奪われない点に特徴がある。では、医師としての内的権威とは何か、そして、内的権威を磨くにはどうすればよいのか。

　思うに、内的権威とは、根拠のないプライドとは異なり、確固たる知識や能力・技術などに支えられ、自らをオーソリティーと見なすことのできる自負心のことである。したがって、医師としての内的権威とは、医師免許や役職によって支えられた地位によってではなく、医師が自らの医学的知識や判断力、技術について自信を獲得している状態を意味する。

　医師が内的権威を磨くには、筆者が勧めるように、権威と似て非なる権力の行使をやめることが一策だろう。つまり、命令や指示などがなくとも、患者および医師の関係者が、自らの意志で医師の判断や発言に従い、その医師の考えを求めるようになるまで、努力することが重要になる。

　権力にではなく、信頼感・安心感から、その医師の判断や行動に同調する患者や同僚がいるとき、その医師には内的権威がある。その境地に達するには、知識・判断力・技術力をたんに得ているだけでは不十分で、そのことを周囲に、言葉や行動で示し、権威を認めてもらうことが必要である。したがって、医師は、自分の知識や技術の正当性を、患者や周囲のコ・ワーカーに伝える「言葉の力」も持ち合わせていなければならないと言える。(改行を除き、577字)

3 コンピューターと人間の記憶

問題：次の文章は外山滋比古著、『思考の整理学』より抜粋したものである。この文章を読み、筆者は "機械的" " 人間的 " 概念についてどう考えているか、あなた自身の考えを交えて 600 字以上、800 字以内でまとめなさい。

　記憶は人間にしかできない。大事なことを覚えておいて、必要なときに、思い出し、引き出してくるというのは、ただ人間のみできることである。ずっとそう考えられてきた。その能力をすこしでも多くもっているのは、"優秀" な人間とされた。教育機関が、そういう人間の育成に力を注ぐのは当然の責務である。

　これまでは、これに対して、深く考える必要がなかった。疑問を投げかけるものがなかったからである。ところが、ここ数十年来、しだいに大きく、記憶と再生の人間的価値がゆらぎ始めた。

　コンピューターという機械が出現したからである。コンピューターがその名の示すように計算をするだけなら、それほど、おどろくこともない。コンピューターは計算機の殻を脱皮すると、すこしずつだが人間頭脳の働きに近づき出した。

　そのうちで、すでに確立しているのが、記憶と再生の機能である。それまで人間にしかできないとばかり思われていたことを、コンピューターがどんどん、いとも簡単に片付けてしまう。人間なら何十人、何百人もかかるような仕事を一台でこなしてしまうのを目の当りに見せつけられて、人間ははじめのうちこそ舌を巻

いて感嘆していられた。

　やがて感心ばかりもしていられなくなり出したのである。人間とは、なんなのか、という反省がすこしずつ芽生えてきた。われわれは、これまでいっしょうけんめいに勉強して、コンピューターのようになることを目指していたのであろうか。しかも、記憶、再生とも、人間は、とてもコンピューターにかなわない。

（中略）

　機械と人間の競争は、新しい機械の出現によって"機械的"な性格をあらわにする人間の負けに終るのである。コンピューターは、われわれの頭がかなりコンピューター的であったことを思い知らせた。しかも、人間の方がコンピューターよりもはるかに、能力が劣っているときている。

　これでは、社会的に自然淘汰の法則を受けないではいられない。"機械的"人間は早晩、コンピューターに席を明け渡さなくてはならなくなる。産業革命を考えても、この予想はまずひっくりかえることはあるまい。

　これまでの学校教育は、記憶と再生を中心とした知的訓練を行なってきた。コンピューターがなかったからこそ、コンピューター的人間が社会で有用であった。記憶と再生がほとんど教育のすべてであるかのようになっているのを、おかしいと言う人はまれであった。コンピューターの普及が始まっている現在においては、この教育観は根本から検討されなくてはならないはずである。学校だけの問題ではない。ひとりひとりの頭のはたらきをどう考えるか。思考とは何か。"機械的""人間的"概念の再規定など、重要な課題がいくらでもある。

［藤田保健衛生大学］

　課題文の著者の外山滋比古（とやましげひこ）氏は、1923（大正 12）年愛知県生まれの英文学者、文筆家。お茶の水女子大教授、昭和女子大教授を歴任。一般向けの啓蒙的な著書も多く、入試現代文では、定番の著者である。課題の『思考の整理学』は、1986 年の初版であるが、大学生協の売れ筋ランキングで毎年のように上位にランクインする「超ロングセラー」。読みやすい文体で、日頃の読書にはもってこいの作品である。

　さて、この筆者の文章、やや古くささを感じなかっただろうか。初版当時は、大学入試センター試験の前身である「共通一次試験」が行われ、過熱化する大学入試などを「受験戦争」と揶揄、あるいは批判するスタイルが流行した時代である。

　マークシートによる「一発勝負」の試験に、受験生たちが躍起になり、マスプロ的な授業で受験対策を講じる代々木ゼミナールや河合塾といった大手予備校が全国展開したのも、この頃だ。

　当時のコンピューターは、一般の人のものではなく、あくまで趣味的なデバイスか、研究者や企業が専門的に使用する手の届かない大がかりな装置に過ぎなかった。しかし、NEC などの国内メーカーの家庭用のパソコン（マイコン）や、日本語ワープロ機などが徐々に普及し始め、コンピューターの利用が、人々の生活を変え始めようとしていることが、一部の人たちに予感されはじめていた。

　筆者の危惧は、そんな時代背景のなかで生じたものである。単語を丸暗記させられたり、数学の解法を丸呑みさせられたりして、ろくな教養も身につけずに大学に入ってくる受験生の知的態度（丸暗記主義、記憶力勝負、知識の正確性と処理速度だけを尊重する実利主義的傾向）を批判しているのである（もちろん、それだけではないが）。

たしかに、筆者の危惧には無理からぬものがあった。受験勉強の弊害として、マニュアル人間、指示待ち人間、などという批判もよく耳にするようになった。しかし、「機械的」ではない、つまり記憶や再生をたたき込むような教育ではなく、「人間的」な思考力や感性を養う目的で導入された「ゆとり教育」は、世間やマスコミ曰く、「失敗」に終わった。時代は、また一巡したかの感がある。

21世紀も20年が経過した今、人間とコンピューターは、比喩的な意味ではなく、物理的な意味で、「接近」と「融合」が進められている。BMI（ブレーン・マシーン・インターフェイス）によって、手足を切断した人が、自由に義手義足などを動かしたり、脳波で直接キーボードを叩いたりする技術は、すでに実用化されている。インターネットという新しい仕組みと巨大なデータを扱う処理能力を備えたコンピューター・マシンとそのプログラム、それから、そのようなコンピューターと連携して人間にはできない動作を可能にするロボット、また、こういった技術と、バイオテクノロジー（生命工学）が結びつき、人間は、ますます「機械的」な存在になりつつあるようにも見える。

課題文の最後に、筆者が「思考とは何か。"機械的""人間的"概念の再規定など、重要な課題がいくらでもある。」と述べたチャレンジは、筆者が想像したことを遙かに超えて、奇しくも、現代社会の新しい課題として戻ってきた。考えるべきことはまだたくさんありそうだ。

■ 解答案：
　筆者によれば、機械的という概念は、コンピューターによって代替させられるような性質、つまり高い記憶力や再生能力を表す。

一方、人間的という概念は、かつては「記憶」についてもそのように考えられていたように、人間にしかできない能力や性質のことを示している。

筆者は、コンピューターの出現と進歩によって、人間の能力のうち、「記憶と再生」に関わる多くの機能は、コンピューターによって取って代わられると述べる。また、コンピューター的・機械的な人間は、社会的に無用になる、という。さらに、こういった変化に応じて、記憶と再生の能力を養成するという従来の教育の目的は、根本から改変しなければならないと説く。

こういった筆者の機械観・人間観については、どのように考えたらよいだろうか。筆者の整理に従い、コンピューターが得意とする記憶や再生の能力は、「機械」的性質であり、人間にしかできないことを行う能力は「人間」的であると考えてみよう。この場合、たしかに、人間的な価値は、記憶や再生の能力のうちには存しないことになりそうである。しかし、私は、コンピューターの行う記憶と人間の行う記憶には、大きな差があると考える。つまり、人間の記憶には、計算や演算手順を覚えるといった「機械的な記憶」のほかに、言葉の意味を、それにまとわりつく感情やエピソードと共に記憶したり、隠喩的・形象的に把握したりする「人間的な記憶」があると考えられる。後者の記憶は、明らかに人間にしかできない性質に属するものである。

したがって、すべての記憶や再生が機械的なもので、人間的な価値のないもの、と捉えるならば、それは誤りである。筆者も言うとおり、人間にしかできない領域というのは次第に少なくなっていくだろうが、コンピューター的人間を批判する余り、記憶力の養成を無意味と断罪してしまうのは明らかに行き過ぎだ。

(空欄を除き 777 字)

問題の指示をよく読んでほしい。「筆者は"機械的""人間的"概念についてどう考えているか」について述べるというのが指示である。だから、この論文の解答は、「筆者の考え」について、「あなた自身の考えを交えて」述べる必要がある。

　構成の仕方はいろいろ考えられるが、まず、筆者による"機械的""人間的"概念についての捉え方を整理し、そこから帰結する筆者の人間観を要約する。そして、その整理の仕方と論旨について、自分の考えを対比して示す、という流れが書きやすいだろう。

　解答案では、まず、コンピューターによって代替できるような、機械的な記憶ではない、人間的な記憶があることを示し、筆者の機械観・人間観が、もはや現代社会には当てはまらないことを述べた。

　コンピューターのデータ処理は、あくまで2値の記号的な処理だから、そのような処理ではない、直感的で、記号的でない記憶や理解の仕方がある以上、そういったものは「人間的な記憶」と言わざるを得ないだろう、という趣旨の説明である。

　そのような人間的な理解の仕方に、「メタファー」(暗喩)というものがある。これについては、近年の認知言語学などの発達により、膨大な研究の蓄積があり、とてもこの紙面では説明し尽くせないが、興味がある向きは、今井むつみ『ことばと思考』(岩波新書)、瀬戸賢一『メタファー思考』(講談社現代新書)のページをめくってみよう。

お薦めの書籍・参考図書

　本書の姉妹版『小論文実践演習―生命・医療倫理入門編』の巻末に、基本書とも言える重要な参考図書を載せてある。したがって、本書では、前著を上梓した 2014 年以降に出版された書籍を中心に紹介する。主に大学入試のために役立つという観点から、専門的で高度なものや大部の書籍は除いてある。

　学部を超えた小論文のテーマはあまりに多様なため、出題されうる全分野は網羅できないが、なるべく多くの分野・学部に通用する基本的な考え方を養うことができる良書を選んでみた。各領域から 1、2 冊気になるものがあったら、実際に手に取って読んでみてほしい。

［論文の書き方・考え方］
・アンソニー・ウェストン『論証のルールブック［第 5 版］』（ちくま学芸文庫）
・伊勢田哲治・戸田山和久他編『科学技術をよく考える クリティカルシンキング練習帳』（名古屋大学出版会）
・伊藤公一朗『データ分析の力 因果関係に迫る思考法』(光文社新書)
・香西秀信『議論入門 負けないための 5 つの技術』(ちくま学芸文庫)
・戸田山和久 『「科学的思考」のレッスン 学校で教えてくれないサイエンス』（NHK 出版新書)
・中山健夫『京大医学部で教える合理的思考』(日経ビジネス人文庫)
・中室牧子・津川友介『「原因と結果」の経済学 データから真実を見抜く思考法』（ダイヤモンド社）

[哲学・思想・倫理]

- 東浩紀『一般意志 2.0 ルソー・フロイト・グーグル』(講談社文庫)
- 伊藤亜紗『どもる体』(医学書院)
- 内田樹『最終講義 生き延びるための七講』(文春文庫)
- 大澤真幸『憎悪と愛の哲学』(KADOKAWA)
- 小泉義之・永井均『なぜ人を殺してはいけないのか?』(河出文庫)
- 國分功一郎『暇と退屈の倫理学』(太田出版)
- 永井均『倫理とは何か 猫のアインジヒトの挑戦』(ちくま学芸文庫)
- 中島義道『ウソつきの構造 法と道徳のあいだ』(角川新書)
- 野矢茂樹『ウィトゲンシュタイン『論理哲学論考』を読む』(ちくま学芸文庫)
- 森村進『幸福とは何か』(ちくまプリマー新書)
- ハリー・G・フランクファート『不平等論 格差は悪なのか?』(筑摩書房)
- バートランド・ラッセル『怠惰への讃歌』(平凡社)

[認知科学・心理学・言語学]

- 市川伸一『考えることの科学 推論の認知心理学への招待』(中公新書)
- 今井むつみ『学びとは何か〈探究人〉になるために』(岩波新書)
- 瀬戸賢一『メタファー思考』(講談社現代新書)
- ダン・アリエリー『予想どおりに不合理 行動経済学が明かす「あなたがそれを選ぶわけ」』(早川書房)
- 中室牧子『「学力」の経済学』(ディスカヴァー・トゥエンティワン)
- 野矢茂樹・西村義樹『言語学の教室 哲学者と学ぶ認知言語学』(中公新書)

・ハンス・ロスリング他『FACTFULNESS　10 の思い込みを乗り越え、データを基に世界を正しく見る習慣』(日経 BP)

[社会学・学際的テーマ]
・ジャレド・ダイアモンド他『未来を読む AI と格差は世界を滅ぼすか』(PHP 新書)
・ノーム・チョムスキー他『人類の未来―AI、経済、民主主義 (NHK 出版新書)
・橋爪大三郎・大澤真幸『アメリカ』(河出新書)
・橋爪大三郎『世界は四大文明でできている』(ＮＨＫ出版新書)
・ユヴァル・ノア・ハラリ『21Lessons: 21 世紀の人類のための 21 の思考』(河出書房新社)

[読解力・要約力を鍛えるための参考書]
・伊藤和夫『英語要旨大意問題演習』(駿台文庫)
・大澤真幸『＜問い＞の読書術』(朝日新書)
・高橋善昭『英文要旨要約問題の解法』(駿台文庫)
・野矢茂樹『≪増補版≫大人のための国語ゼミ』(筑摩書房)
・吉岡友治『吉岡のなるほど小論文講義 10』(桐原書店)

[環境問題・SDGs]
・伊勢田哲治『マンガで学ぶ動物倫理』(化学同人)
・尾関周二編『「環境を守る」とはどういうことか 環境思想入門』(岩波ブックレット)
・蟹江憲史『未来を変える目標 SDGs アイデアブック』(紀伊國屋書店)

［前著に掲載した参考書］

・アンソニー・ウエストン『ここからはじまる倫理』（春秋社）

・伊勢田哲治『哲学思考トレーニング』（ちくま新書）

・岡田寿彦『論文って，どんなもんだい』（駿台文庫）

・加藤尚武『脳死・クローン・遺伝子治療 バイオエシックスの練習問題』（PHP 新書）

・加藤尚武『現代倫理学入門』（講談社学術文庫）

・神谷美恵子『生きがいについて』（みすず書房）

・マイケル・J・サンデル『完全な人間を目指さなくてもよい理由 遺伝子操作とエンハンスメントの倫理』（ナカニシヤ出版）

・マイケル・J・サンデル『これからの「正義」の話をしよう』（早川書房）

・木下是雄『理科系の作文技術』（中公新書）

・谷岡一郎『「社会調査」のウソ リサーチ・リテラシーのすすめ』（文春新書）

・谷岡一郎『データはウソをつく 科学的な社会調査の方法』（ちくまプリマー新書）

・中井久夫『治療文化論 精神医学的再構築の試み』（岩波現代文庫）

・中島義道『悪について』（岩波新書）

・野矢茂樹『論理トレーニング≪新版≫』（産業図書）

・森村進『自由はどこまで可能か リバタリアニズム入門』（講談社現代新書）

あとがき

　筆者自身が知的に成長できたことをいちばん実感したのは、論文を書くトレーニングをした後であった。もちろん大学に入ってからは、読書によっても知的に成長できたことは確かだ。しかし、それ以上に、「書く」ことの効用は大きかった。実際に「書く」ことにより、自ら考えるという知的営みをはじめて経験することになった。

　さて、エール出版社での小論文シリーズは連作になる予定であったが、2冊目である本書の出版が大幅に遅れてしまった。1冊目の出版からちょうど6年、大学入試だけでなく社会そのものも大きく変化しつつあるが、勉強における「書くこと」は相変わらず大切であるどころか、ますます重要性が高まっている。

　書くことによって、頭の内にある情報の断片は、整理され、秩序づけられる。こうして秩序化された情報は、はじめて体系化された「知識」として、その人の本物の財産となる。頭がよくなるというのは、このようなプロセスを通じた知識の体系化のことをいう。

　最近は、国語、小論文を苦手としている人、あるいは軽視している人がとても多い。数学は得意でも、それだけではダメだ。形式論理である数学だけでは、総合的学力は伸びない。実質の伴った日本語の論理を、書くトレーニングを通じてぜひ鍛えてほしい。この本が、そんな皆さんの学力伸長に役立つことを祈っている。

原田広幸

■著者プロフィール■

原田広幸 （はらだ ひろゆき）

文筆業。小論文・国語・英語講師。

1973年、栃木県真岡市生まれ。県立真岡高等学校、東京外国語大学外国語学部ロシヤ東欧語学科卒業。中央大学法学部学士編入後、東京工業大学大学院社会理工学研究科修了。東京大学大学院総合文化研究科中退。政治思想と国際法を宮野洋一氏（中央大学教授）に、社会学・政治学を橋爪大三郎氏（東京工業大学名誉教授）に、哲学を中島義道氏（元電気通信大学教授）・門脇俊介氏（元東京大学大学院教授・故人）・野矢茂樹氏（元東京大学大学院教授）に学ぶ。

都市銀行、投資顧問、短大勤務を経て、医学部専門予備校エコール麹町メディカルを設立。2017年に予備校経営から引退し、社会人向け読書会組織の運営等に携わる。現在、フリーランスの文筆業。講師としても、一会塾、medika、メディカルラボ等で教鞭をとる。

書著に、本書の姉妹編である『医学部入試 小論文実践演習〜生命・医療倫理入門編』（エール出版社）、医学部受験の勉強法を説いた『30歳・文系・偏差値30でも医学部に受かる勉強法』（幻冬舎）、『2400時間で試験範囲を徹底攻略 医学部に受かる勉強計画』（幻冬舎）がある。雑誌（『医歯薬進学』『AERA with Kids』等）、Webニュース（Forbes、講談社現代ビジネス等）、フジテレビ「報道プライムサンデー」、TBSラジオ「デイ・キャッチ！」等のメディアに出稿・出演多数。

医学部・難関理系大学入試
小論文実践演習
〜要約問題対策・論証テクニック編〜 ＊定価はカバーに表示してあります。

2020年3月5日　初版第1刷発行

著　者　原　田　広　幸
編集人　清　水　智　則
発行所　エール出版社
〒101-0052　東京都千代田区神田小川町2-12
信愛ビル4F
e-mail：info@yell-books.com
電話　03(3291)0306
FAX　03(3291)0310
振替　00140-6-33914